わたしの旅ブックス
006

用事のない旅

森まゆみ

産業編集センター

用事のない旅
目次

I　一人旅の流儀

II 旅の空に踊る

〔巻末付録〕
森まゆみの古寺めぐり

I

一人旅の流儀

いつも町を旅してる

知らない町で電車を降りる。

駅舎と駅前広場が、私の第一印象となる。駅前にはたいてい、その町の誇る偉人の像があったり、詩碑や句碑が建つ。それをぼんやり眺める。観光案内所で、駅周辺の地図を貰い、トコトコ歩き出す。

これが私の旅の流儀だ。

事前に観光ガイドを読むことはまずない。驚きがなくなるからだ。人のすすめる定番の見所、お店にそのまま行くほど素直じゃない。あくまで自分の勘に頼り、この道の先に面白そうなものがあるぞ、構えからしてこの店はいけそうだ、と考える。それではずれたためしはない。

東京の山の手と下町のあわいで地域雑誌「谷中・根津・千駄木」を創刊して三十年、さんざ自分の町を歩きつくし、人の話を聞いてきたから、町を見る自分なりの尺度ができた。知らず、自分の町と比べているのかもしれない。

人はすでに、定番の名所旧跡観光に飽き飽きしているのではないか。

私は権力的な場所は苦手なので、まず、お城は行かない。エラい人がゼイタクをしたあとなんて見たくもない。せっかく人が住む町に行って、町や人を見ずに、行政のつくった退屈な施設に囲い込まれるのもいやなので、博物館、美術館のたぐいもあまり行かない。

しかし、ガイドブックに載っているのはお城と博物館、美術館、公園、水族館なんかだから、ガイドブックは必要ないわけだ。泊るとしても駅前の安ホテル、そこに泊って、ぶらぶら歩いて近くの良さげな居酒屋を自分で見つけるのだから、ますますガイドブックは必要ない。

一人で旅していると、道を聞いたり、広場で休んでいると話しかけられたり、しぜんに友だちができる。昨年の夏も、佐渡の寺でオランダ人の映像作家に出くわして世阿弥について語り、ウィーンではジャパノロジストの哲学者と町を歩き、イエナでは見ず知らずの家に泊めてもらった。

ドイツのマインツで一人ワインを飲んでいたら、隣席の医師と教師、二人の女性が話しかけて来、すっかり深夜まで話し込んだ。あとでハガキをくれた。

「いつでも来たらうちに泊ってね！」

谷根千の町をそんな風に歩いている人によく出会う。とくに名所旧跡はないが、「この町へ来るとホッとする」「上京するたび、少しずつ歩いています」とおっしゃる。

路地でネコをかまったり、墓地で碑文を読んだり、長屋に住むおばあさんに上げてもらってお茶をごちそうになったり、豆腐のつくり方をいつまでも眺めたり、そういうことこそ楽しい。そして夜は気どらない町の居酒屋で、知らない人と酒を汲みかわす。

そういう時間を提供するためには、町が開かれていなければならない。

来る人を拒まず、話しかけられたら答え、暇があれば案内し、家にも上げる。自分が忙しければ、あるいは別の旅先にいれば、ちゃんと暇そうな友だちにつないであげる。

人生、そんなに長くはないんだから。それよりヒョンなことで、まったく違う文化をもつ人と話ができるなんて、最高じゃないの。

あるとき、私はソバ屋で一献傾けながら、仲間と乗馬療法の話に夢中になっていた。となりの席に座った青年の白いチェロケースに「馬」という字が見えた。「あら、あなたも馬に乗るの?」と聞くと、「いえ、これヨーヨーマのサイン。僕の先生です」という。「じゃあ一曲弾いてよ」と酔った勢いでうっかりいった。「いいですよ」。心得た店のおかみさんが、さっさとのれんをしまい、他の席の人に了解を求め、バッハの「無伴奏ソナタ」が始った。十数人で体験した、すばらしく体に響く音楽だった。「人生、意気に感ず」。私たちはつねに町を旅しているのだし、こういうことこそ生きる醍醐味なのである。

観光のために、目玉施設をつくったり、立派な宿泊施設をととのえたりすることはない。交通網を整えたり、標識を整備することだって二の次である。

できるだけ管理されない、自由で親切で楽しい住民を育てること。外国でよく「日本は何もかも高かった。二度と行かない」と聞くが、きっとパックツアーで、巨大ホテルに囲い込まれたのだろう。食事も冷蔵庫の飲物も高い。そして周辺はビルばかり。親切で朗らかな住民もいない。バスで名所を回るだけ。これでは何のために旅をしたのかわからない。

「次はぜひ、谷中の木賃宿《ジャパニーズイン》〝沢の屋〟に泊ってね」といいたい。

このところ、私が好きなのは大阪。天神や難波の安宿に泊り、銭湯に入りにいく。「あの、おっさん、とうとう捕らはったなあ」「あれだけ、好きなことやらはったら本望やろ」。となりのおばあさんたちの会話。近所の誰のこと話してるのかな、と耳をそば立ててると、どうもイラクのフセイン大統領のことらしい。私は湯船の中で笑いをこらえるのに苦労した。

ああ、旅はこうでなくちゃ。

女の一人旅

学校を出てからというもの、忙しくなかったことがない。

仕事、家事、育児と抱え込んで、くるくる高速で回っていると、人の動きがスローモーションに見えてくる。これは人間として危ない、と気づく。

減速するためにまず一時間でも二時間でもゆったり散歩する。谷中墓地でネコと遊んだり、根津神社の境内で昼寝したり、東大の三四郎池でボーッと地面をながめたり。

それでもスローダウンできないときは何もかも放り出して旅に出る。電話やファクスが来ないところに。一人でないとだめ。同行者に気をつかうのは一番疲れるから。

小樽、函館、三沢、角館、仙台、只見、新潟、金沢……北から数えても一人旅の記憶は数かぎりなくある。ガイドブックは持たない。駅前で一枚、町の地図をもらい、簡単なビジネスホテルに泊り、町を歩いて良さそうな食堂を見つける。凝った観光客向きのところでなく、地元の人が食べるのと同じものを食べる。

駅前の山菜そば、夜遅く入った赤ちょうちんのラーメン屋、おでん屋のおじちゃんの笑顔、そんなことが旅情となって残る。カツ丼は全国さまざまである。肉の厚いのあり小さいのあり、ソース味あり卵とじあり。私は福井、桐生、信濃大町のキャベツの上に乗ったソースカツ丼が大好きだ。


温泉旅館もいいが、なぜか一人旅の女は嫌われる。主人がいう。

「どうしても一人で畳何畳と計算しますから」

でも本当の旅好きは一人なものなのに。

「女性が一人で温泉というとたいてい傷心旅行なんですよ。じっさいに首つりもあった。心配で時々のぞきに行きますよ」

私、自殺などしないと顔に書いてあるでしょう。

「しない人は話好き。さびしいもんで仲居さんを独占する。どっちみち手がかかるんです」

いいえ、私は一人がいいの。放っといて。

「一人のぶん、割高でもかまいません。部屋は六畳で十分、食事も簡単でいいのですが」。

そういってずいぶん一人で温泉へもつかった。

たしかに宿にとっては「もうからない客」にはちがいない。

〝お一人様〟ののんびり旅

たくさんの人に会うと、あとできっと一人になりたくなる。

その日も、神戸市主催の会で話し、帰りに一人で温泉にでもつかりたくなった。有馬温泉は行ったことがあるし、やや敷居が高い。

福知山線で宝塚より三つ先、武田尾《たけだお》というところに温泉があるのを見つけた。河鹿荘というのに予約する。尼崎で乗り換え、生瀬《なませ》、西宮名塩《なじお》という駅の名がなんだか珍しい。

リュックを背負って駅に降りたのは私一人だった。宝塚あたりまでは広々とした近郊住宅街なのに、武田尾はまるで深い渓谷であった。

宿の車が迎えに来てくれる。道はデコボコ。

「昨秋の台風でひどい被害がありまして。幸い、うちは水につからなかったんですが」下手の宿は閉鎖中、復旧の見込みもないという。目のあたりにして胸が痛む。「茅葺きの宿」と聞いてきたが、道からは屋根が見えなかった。もう一つ、一人泊も可で値段も同じというのが、この宿を選んだ理由だけれど。

「ええ、よくお見えになりますよ。お一人で」

玄関脇の部屋に通され、障子戸をあけると一面の林が見えて目が安まる。

「古いでしょう。明治か大正か」

でも私は新築の建物は落ちつかないので、これくらいがよいのだ。暖房もテレビにもリモコンがついていない。ヒーターのスイッチをひねると、ズドンというような音がして、ブルブルと動き始め、あんまり古風で笑ってしまった。

コタツに入り、夕飯まで本を読む。それから温泉に入った。今日の泊まり客は私一人。こんなかけ流しの渓谷の湯を独り占め、なんというゼイタク。大きな窓を半分あけると、外気が頭を冷やし、露天風呂のようである。

夕食はしし鍋だった。こってりした味噌味でなんともおいしい。品数は多くないが、料理の腕は冴えているし、盛り方もこけおどしでなかった。

「うちのひいばあちゃんは、戊辰戦争で傷ついた人がこの山越えて来るのを見なさったとか。ひいじいちゃんは信仰深い人で、檀家寺のお坊さまが高野山へ修行に入られるとき、汽車を乗り継いで季節ごとにお着替えを届けたと聞いております」

手伝いの女の人の何げない話を聞くのが楽しい。

もう一度湯へ向かい、帰ると真白な布団カバーが目にしみた。清潔な布団で熟睡する。

朝ご飯は九時半。十一時ごろまで本を読む。電車は何時でしょうか。と聞くと、

「さあ、わかりません。駅で来たのに乗ってください」

とのんびりしたものだ。

私はこの宿がすっかり気に入ってしまった。


新聞には一室四人や五人で泊まれば驚くほど安い宿の宣伝がのっている。私は旅は一人のものと思うので無縁である。

ときどき、若い女性に人気の宿というのにまちがって泊まるはめになるが、あんまり気

どって、大仰で、ピカピカで、そのくせ子どもだましなので、笑いをこらえるのに苦労する。むしろ男性向きの雑誌にあるひなびた宿のほうがずっといい。

素朴で静かで放っといてくれること。余分な装飾やおためごかしのサーヴィスがないこと。それが一番なのである。家にいると電話やメールや宅配便で考えが中断されるが、宿では本だけに集中できる。昼ごろ着いて嫌がられず、昼ごろまでいてもいい宿、武田尾温泉はありがたい宿であった。また来よう。

仕事の旅ではほとんど民宿ばかりである。その土地のことを知り、話を聞くには民宿に限る。公共の宿はやめた方がいい。たいていい眺めのいい高台に立っているが、町の居酒屋へ出るのに不便。食事はありきたり。制服を着た職員は土地のことを何も知っていないからである。さらにだだっ広くて風呂に入っても湯冷めがする。

鹿児島の坊津《ぼうのつ》とか、佐渡の宿根木《しゅくねぎ》とか、対馬の比田勝《ひたかつ》で泊まった民宿のおばちゃんの顔はみんな覚えている。じつに面白い話をしてくれた。

こういう女一人の旅は少し前まで、いやがられたものだが、最近は〝お一人様〟という言葉とともに認知されたらしい。いえ、男の方も一人でどうぞ。

二度あることは三度ある

愛媛の松山は道後温泉はあるし、市電は走ってるし、正岡子規の充実した記念館はあるし、で好きなところなのに、どうも交通機関に関してだけは相性が悪い。

何年か前、松山行きの飛行機に羽田で乗り損ねた。前日に羽田空港の拡張リニューアルのニュースをテレビで、へえ、と見てたりしてたのに、次の日そこから乗ることなどピンとこなかった。

それでいつものとおり、一時間ちょっと前に家を出たら、全然間にあわない。十五分のはずのモノレールが二十三分になってしまい、なにしろ新しいからわけがわからない。搭乗手続きをして駆けに駆けたが松山行は一番奥近い三十三番ゲートで、ちょうど、機体のドアが閉まったところだった。しかたなく、仕事先に電話をかけ、喫茶店で本を読んで次の飛行機を待つ。シンポジウムが午後だったのでどうにか間に合った。

その次に松山へ行ったとき、行きは何事もなくスムーズにいって、女性たちとの交流会が終わって家に電話をかけると、子どもが東京は大雪だよ、雪だるまつくったの、とはしゃいでいる。あら、良かったねぇ、などと相づちうったが、うかつにも、その日の夕方、私の乗る便は羽田からの折り返し便で、雪のため羽田を飛び立てない、というではないか。結局、もう一泊して、翌日大阪便をつかまえ、新幹線を乗り継いで帰った。

最近、また松山へ行く。今度こそハプニングがありませんように、と前夜、切符を確認し、一番の七時二十五分の便なら二時間前の六時二十五分に家を出ればよい、とここでも一時間計算ちがいをやってしまった。

翌日、六時十五分になって、あれ、今出ても七時二十五分になんか、羽田に着きっこないよな、と気がつきガク然とした。

しかし、あきらめるのは早い。二分で着がえて家をとび出し、とにかく走ったこと走ったこと。三田線の白山駅まで、日比谷からJR有楽町駅まで、浜松町駅からモノレールまで、駆けた。空港についたのは七時十二分。そして全日空カウンターに走り込んで仕事先でみんな待ってるんです、と泣きついた（ああ、みっともない）。幸い親切な地上係員に当って、とにかく走れますかと念を押され、ボディチェックパス、そして三十三番ゲートまでまた走りに走った。

しかし荷物が重い。自分の雑誌を会場で売ろうとリュックいっぱいにつめてきたのだった。ぐったりした私のリュックを途中からその人は背負い、ハイヒールで階段を下る。まさにゲートをしめる間際、間一髪とはこのことですべりこみセーフ。

私は座席にへたり込み、あんまり走ったので脱水症状を起こし、水を下さい、水を、とキャビンアテンダントさんに頼んだ。にっこりほほえんで彼女はウーロン茶を二杯とオレンジジュースを一杯、恵んでくれた。ああなんてやさしいＡＮＡの人びと。

しかし、どうして家から飛行機まで一時間もかからず着いたのか、今もってナゾである。

子連れ旅のあのころ

ちかごろ、二十代半ばの娘が独立した。四万八千円の風呂なしアパートを借りて出ていった。彼女が健在な私の両親に報告しに行ったところ、

「良かったなあ。お前はもうマユミの面倒なんぞ見なくてよい」

と二人とも喜んでくれたとか。ふつうなら「いつまでも親の世話になるな」というところだろうが、よく実態を見ているものだ。うちは一女二男、離婚して母子家庭のわが家では、私よりしっかり者の娘が母親替りであった。

まだ三人とも小さいころ、わが家は勉強中の夫、売れないフリーライターの私のもとで極貧だった。夫はまるであてにならない。どこか無性に行きたくて、一番下の息子を背負い、左右に一人ずつの手を引いてよく旅したものである。

あるお正月には潮来へ行き、岸辺にあやめどころか草も生えていない水郷で、寒い年舟に乗った。親切な金歯の女船頭さんが、子ども一人一人をしっかりと毛布にくるんでくれたやさしさ。しかし歯の根もあわぬ寒さ。そして彼女の歌う、潮来節のものがなしさを忘れない。

夏休みに長野県は白樺湖から霧ヶ峰をハイキングした。バス停でいくら待ってもバスが来ない。日は暮れかかり、ここでクマにでも襲われたらどうしよう、と三人幼児連れの私はゾーッとした。やがて車のヘッドライトが見え、親切なご夫婦が私たちを見つけて車に乗せ、麓まで降ろしてくれた。地獄で仏というべきか、バス路線はなんと前月末で廃止されたとのことであった。

秘境檜枝岐《ひのえまた》の民宿に行った。温泉まで行くバスは、朝と夕方二本しかなく、途中で降ろされて、二時間、春の雪の中を歩く。疲れたよー、もうやだ、という子たちをなだめすかし、「カエルが鳴ったら帰～ろ、ゲコゲコゲコ」と陽気なかけ声をかけながら、林の道を歩く。この先に本当に人家なんか、温泉なんかあるのかしら、と絶望しかけたとたん「スナックゆたか」の看板がみえた。

いっぺんに元気が出た。それにしてもこんな山奥にスナックがあるとはねぇ。こういうときいつも長女は弟たちを励ましてきた。その彼女はゼッタイお母さんとは旅したくない、が子どものころの口グセだった。

お母さんといくと必ず雨が降る。

お母さんと手をつなぐと必ず転ぶ。人のことなんて考えてないから。

お母さんといくといつも荷物持たされる。

弟たちのワガママは聞くのにいつもあたしを無視する。

レンタルサイクルをケチして一台しか借りず、前後に弟たちを乗せて、あたし走らされた。

自分は寺ばかり回って、公園で遊ばしてくれない。

自分だけ文学館入って、私が前庭で弟の面倒を見させられる。

お母さんといくとたいてい店は休み、美術館は休館日。

積年の恨みというべきか。ことに一番彼女が覚えている事件。

それはある早春の信濃路のこと。駅に向うバスは十分の待ち合わせで、ＪＲ特急に接続するはずであった。バスには最後尾に私たち親子しかいない。駅が近い。一人を片手に抱き、自分の荷物と二人の小さなリュックを抱え、お金を払って降りた。それだけで精一杯。

あれ、何か足りない。しまった。小学二年生の娘をバスに置き忘れた。どうしよう。それでもまだ私は、次の特急に乗らないとあと二時間来ないしなぁ、などとウロウロ考えている始末。それどころじゃない。娘が大事だ、とハッとして、やっと駅員さんにバス会社に連絡してもらう。

そうするまでもなく、なんとありがたいことに、乗ったバスが巨体をゆらして戻ってきたではないか。

「車庫に入ったんですよ。そしたら急に暗くなったんで、お嬢さんが目を覚まして……」

運転手さんがすまなそうにいう。すまないのはこっち。泣いている娘。

「もう絶対おかあさんと旅行なんかしないから」

あれから十数年。独立した娘は私とまた旅してくれるだろうか。

明治人になれる湯宿

子どもの手が離れて、月二回くらいは旅に出られるようになった。十月にも調査の仕事があって群馬県を旅した。

取材旅行だから宿はどこでもいいようなものだが、さすが上州だけあって、運よく二泊とも温泉になった。温泉には目がない。

あえて名を秘すが、安中《あんなか》近くの最初の宿を評価すれば七十点というところか。明治からつづく由緒のある湯宿であった。平日なので客は数組しかいない。旧館の最奥に案内されたが、接客も悪くなく、印象はまあまあ。ただしお手洗いの換気扇とヒーターがブルンブルン大きな音をたてるのは閉口。食事は九十点。心のこもった料理で、分量も多すぎなかった。

しかしどうして温泉宿って、客が何を欲しているのかに疎いのだろう。減点の理由は、玄関まわりのゴージャスさ、ふかふかじゅうたんに吹き抜けロビー、シャンデリア、琴の音にお香の匂い。どこにいってもコレなので、この宿ならではの旅情とか、印象がたちまち薄れてしまう。朝、宿を出たとたん、もう宿の記憶も余韻もない。

旅情はあった。在来線を乗りついでウロウロした。高校生でいっぱいの列車。暮れなずむ駅に降り立つ淋しさ。駅でハフハフとかきこんだかつお節の香るうどん……。

二泊目の宿は、あえて名を記せば法師《ほうし》温泉長寿館。ここは私の書いている伝記の主人公林きむ子が大正時代に泊まった宿である。

もう空は暗くて、こんな山の中に宿なんかあるもんか、と思ったとたん、宿についた。車を降りるとぷうんと秋の木肌と草の匂いがした。旧館に通され、太い梁、木枠の窓。私は完全に昔のひとになってしまった。

食事はあまり凝っているとはいえない。平日で満室らしいが建物の間に距離があるので静か。風呂にいそぐ。混浴の湯小屋をのぞくと、おじさんがたくさんいた。ひるむ私を、おばさんたちが自分を勇気づけるように、「入りましょうよ、ねぇ、せっかくここまで来たんだから」と誘った。湯小屋はほどよい暗さで、裸になったところで誰と識別されるわけでもない。一期一会のことだし、と脱ぐ。

どこかのおじさんが、こっちの方が湯が熱いからおいで、と呼んでくれ、私はハイハイ、とそっちに移り、丸太に頭をのっけて三十分もつかっていた。もう湯ざめもするまいな、と堂々と湯を上がり、堂々と拭いて浴衣を着て紐帯を巻く。でも人前で下着まではくとサマにならない、と思い、丸めて浴衣のたもとに入れた。

ああ、私って見栄っぱり。誰も見てるわけじゃあないのに。

女一人旅ならドイツ鉄道旅行

二十二歳のとき、イタリアへ行って以来、二十年間パスポートを持たず、海外へは行かなかった。そんなお金もヒマもなかった。

四十三歳になって、再び十年パスポートをとった。旅は四十雀《しじゅうから》。以来、四十回以上、海外に出かけた。

二十年、地域雑誌を出し、町をよく知ったから、町や人を見る自分なりのモノサシができた。行っても名所旧跡はまず訪ねない。それらは本でもテレビでも見ているから、行っても既視感があるだけである。まあ思ったより大きいんだな、とか、建物がこういう配置になってるんだな、とかわかることもあるのだけれど。

私が見るのは主に人間である。

何を食べているのか
何を着ているのか
どんな家に住んでいるのか
どんな仕草や表情をするのか
何で生活し、何を信じているのか
何が楽しくて何がつらいのか

そんなことをじっくり見る。これが国によって人によって、千差万別でとても面白い。中でもまだ近代化で行き詰まっていない、発展途上の国のほうが面白いから、もっぱらアジアを旅している。

しかしこの夏、一人でドイツを旅して、初めて海外に一人旅するならドイツもいいなと思った。

たいへん町がきれいだ。治安もいい。片言でも英語が通じる。親切な人が多い。そしてバスや列車は時間どおりに来る。これはアジアでは考えられないことだ。インドでは十二時間で走るはずの特急で三十六時間かかった、と友達に言うと、彼は、俺なんか、珍しく時間どおりに来たな、と思ったら、前の晩に着くべき列車がちょうど二十四時間遅れで来たのだった、と自慢する。中年女の一人旅にはこれは刺激的すぎる。

ドイツの鉄道DB（ドイチェ・バーン）には感心した。各駅に案内所があって、どこへ行きたい、と言うと発駅から着駅まで、何度乗り換えようが正確な経路と時刻の表をコンピュータで打ち出してくれる。列車のナンバーも到着ホームもわかる。

次に、並んで切符を買う。ここで焦ってはいけない。みんなあとの人のことなんか考えず、悠然と相談や質問をし、一人が長くかかる。そのため一番左にただ切符を買う人のためのエクスプレスという列もあるが、こっちに並んでも、突然、窓口が閉まったりする。早めに行って待つことだ。

あるいはユーレイルパスといった乗り降り自由の券を買うか、できるだけ長い距離を買い、途中下車をすればいい。券売機で買うこともできる。これも慣れるとじつに合理的。行き先の町の名をアルファベットで探し、その番号を入力すると、いくら払えと表示される仕組み。ただ最大十ユーロ札までしか使えない。

ホームに改札はないので、そのまま入っていく。ここでちょっと水平思考が必要だ。日本なら列車のドアは自動で開くが、ドイツではボタンを押さないと開かない場合が多い。さて乗ってからも少しとまどう。座席指定車と自由車があるのでなく、全体のなかで予約された席があるだけ。予約のついていないシートなら自由に座れるという仕組み。これはこれで合理的。

発車すると車掌が検札に来る。都市間特急ＩＣ（インターシティ）の車掌は若い美人が多いが、ローカル列車はガムをかんでいるようなどっしりした人が多い気がした（失礼！）。

車内はなかなか広く、トランクを置く所、スキーを立てかける所もゆったりとってある。びっくりするのは大型犬や乳母車や自転車も共に乗り込んでくることだ。これはトラムといわれる市電や市バスでもそうで、うらやましい。まあ日本の狭くて混んだ市電やバスでは難しいかもしれないけれど。

自転車と共に列車に乗り、降りた所から自転車専用レーンで悠然と旅を続けられる。そんな人をたくさん見た。

ＤＢの駅にはたいてい階段のうしろに透明ガラスのリフトがあって、重いトランクと自分をそれに乗せ、跨線橋を渡り、また改札口までリフトで降りる。まったく疲れない。これも旅人にとってうれしいことの一つ。

さて、駅の改札を出ればたいていｉマークの観光案内所があり、地図をくれ、宿を紹介し、見どころの相談にも乗ってくれる。朝早く町につき、インフォメーションで今夜の宿を探し、トランクを宿に預かってもらって町を歩く。それが便利。日本も〝ビジット・ジャパン〟とかいって観光振興しようとするなら、これくらいは見習わねばなあ。

ドイツ鉄道の駅ホーム

インドの夜行特急

いま、私はサンライズ出雲という寝台列車の中にいる。

夜十時に東京駅を発って、気持ち良い振動に揺られ、外が明るくなったのが兵庫県の相生だった。

室内は快適だ。その昔、修学旅行で乗った狭くて固い三段ベッドではない。個室だ。ベージュのインテリアに、鏡、小さな机。清潔なシーツがかけられ、寝巻きもスリッパも用意されている。だが前にいる特急の故障で、いま列車は動いていない。

まあ、いいではないか。待つというのはただ待つだけだ、と幸田露伴はいった。私だって日常を忘れるために旅に出たのだから。そういえば、この前に夜行の寝台に乗ったのは……。

二十年ぶりにパスポートをとって行ったのはインドだった。その間、私はどこへも行けなかった。子どもが次々生まれた。地域を深く掘る、という雑誌の仕事や町の活動が面白すぎて、べつだん外国に行きたいとも思わなかった。何の気なしにとったパスポート。それで二十年ぶりに行くのがインドだなんて、刺激が強すぎる、と友だちはいった。

カルカッタ（コルカタ）の空港から市街まで、自転車にほろ車がついたリキシャに乗る。それだけで興奮した。夜中近いというのに人で溢れる街。道路をエラそうに歩く牛、それをよけて飛ばすタクシー。そのまん中で遊ぶ子どもたち。

二日遊んで夜行で海辺の町プーリーへ向う。夜のハウラー駅。群青色の空に輝く宮殿のような赤い建物。構内はうす暗くて、売店の灯がなつかしい。長いホームで私はリュックサックを抱え、列車を待っていた。寝台を予約したものの、それが何号車の何番かは列車が来るまでわからない、という。

黒い列車が悠々と入ってくる。それからノリとハケを持った小柄な男が客の名前がタイプされた白い紙を指定席の車両ごとに貼っていく。その男について歩いて、光量の乏しい中、ようやくMSモリ・マユミという名を見つけた。といっても、がらんとしたレザーのベッド。

その列車は数えると四十両近くあって、こんな長い乗物を一台の機関車で引っ張っているのが信じられなかった。はじめての旅の緊張感で眠られず、朝になるとカンナの花咲く、静かな海辺の町に着いた。

そこで私は、たのしい一週間をすごした。泳いだり、とれたての大海老を浜で買って塩焼きにしてもらったり、オリッサの美しい布を買ったりした。

都会生活の疲れを癒し、体の奥からよみがえる。オランダやドイツやさまざまな国の人がいて、もちろん日本人も。

これがどういうわけか、女の子たちはみな腰布をまいてリュックを背負い、さっそうとして格好いいのに、男の子たちは気弱そうなのが多い。ついでにいうと私のような中年の日本人はいなくて、ほとんど沢木耕太郎『深夜特急』か藤原新也『インド放浪』のどちらかを携えている若者、多くは学生である。

英語で話す気もなく、ミネラルウォーターのびんを手に、こんなとこ来るんじゃなかったとボヤく。それ、おいしいですかと私に聞く。三十ルピー（百二十円）だよ自分で試してみればいいでしょ。生水飲んで大丈夫ですか。そんなビクビクしててどうするの、じゃあインドなんか来なけりゃいい、とだんだん腹が立ってきた。

コルカタに戻り、私はガンジス河に面した聖地ベナレスまで、こんどは昼の二等車で行き、狭いコンパートメントにつめ込まれて、インドの人たちと喋った。英語のできる人がいて、みんなの質問を通訳してくれる。最初は、どこの国？　何才？　家族はいるの？　子どもは何人？　インドのどこが面白い？　と単純な質問だったのに、だんだんとエスカレートする。最後は神戸の震災が日本経済にもたらす影響を述べよ、とか、安保の常任理事会入りを狙う日本の戦略やいかに、といった私の英語力では答えにくいことまで話題になった。みな笑いさざめき、駅ごとに買うスナック菓子やバナナをわけてくれた。

ベナレスで数日をすごし、またカルカッタへ戻る夕方の列車に乗った。インドに馴れてきた私はこんどは二等寝台にした。おそろしく狭い。窓ぎわの上段に買った布を敷き、寝る体勢に入った。日本人の男の子が一人リュックをかついで反対側の上段に登った。十二時間眠れば早朝にカルカッタに着いているはず。

そうは問屋がおろさなかった。

この列車、エクスプレスという名のくせに、カルカッタまで三倍近い三十三時間かかったのである。駅のたびに止まり、動く気配がない。だけどインド人も動じない。ホームへ出て体操をしたり、水飲み場で口をゆすいだり、弁当売りから葉っぱにのせたカレーを買って上手に手で食べる。私も起きて、チャパティ（うすいクレープ）を食べ、土器に入ったチャイ（ミルクティ）を飲んだ。

感心したのは、反対側にいる若い日本人男子が自己管理ができていたことだった。礼儀正しく、インド人と話し、寝たいときは寝る。聞くと彼は京都の大学を出てからアルバイトしてお金を貯め、上海の大学で中国語を学び、夏休みを利用してヒマラヤをバスで超え、インドに来たのだという。峠を越えるときは降りて皆でバスを押しました、高山植物がきれいだった、と彼の目が輝いた。

朝になり、昼になり、また夜になった。コルカタのハウラー駅に着いたときはまだ夜中。私はホテルを探すけどあなたは、と聞くと、僕はここで寝ます、と駅のコンコースにリュックをおろす。そこにはたくさんの巡礼が、揃いのオレンジ色の衣でまぐろのように横になっていた。そう、じゃ、さよなら。「日本の男の子」を少し見直した。彼とここで別れた。

サンライズ出雲の多少の遅れなんかどうっていうことはない。ベナレスからカルカッタへ、あの三十三時間を思えば。

土地の神さまにご挨拶

あちこち日本中を旅します。そこの風景を見、名物を食べ、波の音を聞き、森の匂いをかぎ、どんな風に人が暮らしているか、聞いてまわります。

ヤドカリの研究家、山羊を飼うおじいさん、コンブとりのおばあさん、原発反対運動家、山のお寺の和尚さん、居酒屋のおかみ、……そんなふつうの人びとを訪ねるときは、その町に入るとき、神社をみつけてお祈りします。

「はじめてこの町に来ました。いい人に会わせてください。よろしくお願いします」

心の中でブツブツいって、手をあわせ、ちょっと頭を下げます。ついでに小銭をチャリーン。

私は神道ではありません。菩提寺はありますが熱心な仏教徒でもありません。

むしろ、万物に霊が宿るというアニミズムに近い。だから海へ来れば海のカミサマにヤッホー、山へ行くと山のカミサマにヤッホー。

その山が削られて道がつくられていれば、カミサマ、さぞ肩いたいでしょう、浜辺がコンクリ固めでテトラポットがあれば、カミサマ腰がおもいでしょう、と話しかけます。

岬の神、島の神、木の神、鳥の神、そんな土地の守護神全体にごあいさつのつもりで神社に行くのは私の通過儀礼、旅人の仁義みたいなものです。

土地の声に耳を澄ます

先日、山形の山奥の湯舟沢《ゆぶねさわ》温泉へ昼食に立ち寄った。そこの女将《おかみ》ははじめ言葉少なかったが、だんだんに語り出した。

「わたし、この辺の景色、ほんとうに好きなの。なんてきれいな景色だろうと思うの。空気はおいしいし、星は降るようだし、こんなとこ住めて幸せだと思ってんの。なのに山形の人ったら、宣伝が下手だし、自分たちのところ、とりたてていいもんがないと思ってるのにゃ。なんにもないばっかり言っている。とんでもない。東京にないもんばっかりだ。水もうまいし、毎日こんないい場につかれんだべ」

白い割烹《かっぽう》着を付けた清楚な彼女は、ぜんまいのおひたしや鯉こくや打ちたてのそばを出してくれた。

感動した。ここに町づくり、村起こしの要諦《ようてい》がある。自分の土地をよく知ること。それを愛すること。ほかに（とくに東京に）追従しないこと。そこにしかないものを大切に誇り高く生きること。聞いているうち、ぜひお湯に入らなくてはという気持ちになり、つるんとしたなめらかな湯につかる。これだから女将さんは玉のお肌なのか、と納得した。最近、ご主人と二人、昔の街道を歩いてきれいにし、復活したらしい。

地方を歩いて長いが、これと反対のことが多すぎる。特に県庁所在地はそうだ。ゼネコンにそそのかされた役所や商店街は、「中心市街地活性化」とやらでせっかく歴史のある、ぬくもりのある町並みをこわし、ガラスと鉄のビルに変えてしまう。最初は物珍しいが、歩いても退屈なので、そのうち客は来なくなり、テナントは撤退し、ビルはガラガラ。まだしも前の煮しまった飲み屋街だった方がにぎわいがあったぞ、と気付く。

秋田も青森もそうだった。その町ならではのものがない。全国チェーンの店ばかり。高級ホテルの接客もマニュアルどおりで、しかも板についてない。

意外によかったのは宮崎。私たち東京者は宮崎に、日向という輝く太陽、深い照葉樹林、神が降りた峰、潔い武士のいた城下町、天皇が船出したと伝えられる港、さまざまに憧れをふくらませている。宮崎市はその入り口だ。

行ってみるとゆるやかに流れる川、県庁前の亭々とした楠の並木、冷や汁の味が心に残っている。

どうか〝お国の言葉〟を再発見し、大事にしてください。

穴水——見残しの町

思い立って鉄道で能登に行った。以前は一日仕事をすませたあと、上野駅で缶ビールを買って十一時すぎ、夜行の能登、北陸で向かったものだが、いまは夜行はない。今回、新潟経由でなく、米原経由北陸本線で金沢へ行き、それからのと鉄道で七尾でお寿司を食べ、和倉温泉の海沿いの宿に泊まった。

ここまで来たらのと鉄道を終点までいってみよう。終点は穴水《あなみず》。小さな二両編成の電車を運転するのは女性で、雪が針葉樹を化粧している。夢のようだ。窓に寄った肩のあたりが痛いほどに寒い。

穴水、不思議な名前だ。桜谷という洞窟に清水が湧き出て、それを穴水と称したという説もあり、出雲や但馬からの移住者に由来するともいう。駅には知人の伝手で穴水町役場の小林建史さんが来てくれた。

二時間しかないんです、というといいですよ、といって車で「やまがら」という穴水湾の見える手打ちそばの店や、時期には桜吹雪の能登さくら駅へ連れていってくれた。

とりわけボラ待ちやぐらというのが、三角形の海上ツリーハウスみたいでおもしろい。なんでも明治期にローウェルという天文学者がきて「伝説の鳥ロックの巣」と名付けたとか。この魚は鯔、鰡とか、むずかしい漢字で海底の藻が好物なので、水のきれいなところのボラ以外はくさくて食べられないらしい。

不思議なものは他にもあってクチコ、これはナマコの精巣を塩漬けにして三角形にかわかしたもので、奈良時代より能登の献上品として知られた。海鼠《なまこ》っていう字も難しい。珍味もいいところだが高くて手が出ない。というと小林さんが「ちょっと寄り道しましょう」と森川仁右衛門さんのところへ連れて行ってくれた。ここではクチコに干す前の「このわた」を売っていて、これは私のどうにか手の出る値段であった。

いま家で熱燗で一パイというとき、このこのわたがつまみである。ずるずるつながっていて食べにくいがなんともうまい。

さて鯔《ぼら》の卵がカラスミで、私はサルディニア島で買ってきたボッタルガなるカラスミの粉末も持っている。これをごく薄いパンにかけてトーストしてもお酒にあう。家には北上の蒸しウニもあるから、このわたと並べ日本三大珍味すべて目の前に日置桜を飲む。そして穴水を思い出す。

「小さな町です。合併もすすみません。でもうまいもんがいっぱいあって春はいさざ、夏はさざえ、秋は牛、冬はブリに牡蠣。またきっと来てくださいね」

そういった小林さんの茫洋として、含羞と諦念がよぎる笑顔が浮かぶ。穴水、思い残しが多いだけに、また訪ねたい町になった。

夏の夜の音

この夏、南イタリアのアドリア海に面したモノポリという街にいた。地名はさしてパッとしないが、古い城塞都市である。ここにアルベルゴ・ディフーゾというそのまま訳せば「離れた宿」、街中に部屋が点在する宿があって、その一つを予約して泊まってみた。古いコウモリ型天井の部屋はきれいに改修されており、そこを根城に、街を散歩したり、海の見えるテラスでパスタを食べたり、地元の人に混じって泳いだりした。

これは古い町の空き家をみんなで改修して活用し、それとともにツーリズムと雇用も生み出す面白い仕掛けである。もちろん地元の生活文化を尊重し、土地の歴史に耳を傾けるということが主眼である。

予想外のこともあった。部屋の中にいると、階上の足音や、外の話し声が聞こえる。イタリアも夏は暑いが、クーラーはあまり見ない。朝夕、気温が下がるし空気は乾いているので、必要ないのだろう。昼食をゆっくりとると、日がかげるまではテレビを見たり、ベッドの上でゴロゴロしているのが、外からでも見える。遅い夕食の後は街に繰り出し、バールでエスプレッソを飲む。子供たちも深夜までメリーゴーラウンドに興じている。

その物音が響いてきて、私もなかなか寝られない。隣のドアを開ける音。ピンポンと誰か訪ねてきた音。赤ん坊の泣き声。子供たちの遊ぶ声。おばあさんたちのにぎやかな立話。石畳の横丁を走り抜けるオートバイ。転がる空きびん。夫婦喧嘩。たまらないのは、上の階の水洗の音だ。トイレを使うたびに轟音がアーチ状の天井にこだまする。

そうだ、思い出した。まるで正岡子規の随筆「夏の夜の音」の世界なのだ。

明治三十二年の七月十二日夜、上根岸の前田邸内、五円の借家に住む、病床の子規に聞こえた物音が逐一書き留めてある。

午後八時から九時まで。茶碗や皿を洗う音。共同井戸のつるべの音。子供の鼠花火、唱歌を歌う声。赤子が泣く。日本鉄道の汽車が轟々《ごうごう》と通り過ぎる。蛍が枕元の硯箱に来てかすかに火を灯す。母は坂本へ買い物に行く。梟《ふくろう》がはたと啼き止む。

下町の家々で夕食が終わり、片付けを主婦がする暇に、子供たちは寝る前の自由な遊びの時を過ごす。明治十六年に上野駅が開業、まだ東北本線の汽車は一時間に一本しか通らない。そんな近代の事物と、蛍や梟が共存していた明治の東京。

子規の敏感な耳は、南の家の窓の外へ痰を吐く音、団扇《うちわ》で尻か何か叩く音、通る列車の上りか下りか、車両数まで聞き分ける。犬が吠え、カエルが鳴き、人々は戸締りし、子規も蚊帳をつって寝る。十二時の時の鐘。やがて静まり返る。

「此の時星の飛ぶもあるべし」。

脊椎カリエスの病者ゆえ身動きできず、視覚が限られるために、こんなに聴覚が鋭くなったのだと私は思った。逆にいうと、明治の根岸にはこれほどまでに豊かな音の世界があったのである。今、東京の共同住宅の四階に住む私には、昼は拡声器の物売り、夜は自動車とバイクの走る音しか聞こえない。

南イタリアの海辺の小さな街には、まだなつかしい人の声がしていた。

モノポリ（イタリア）の夜

キリストの涙

「『即興詩人』を歩く」という連載を始めて二年半が過ぎた。

安野光雅さんが表紙絵を描き、私が紀行文をつけている。安野さんにとって「即興詩人」はまさに青春の書であって、もし孤島に行くなら携える一冊だそうである。加えて訳者は安野さんと同じ津和野出身の森鷗外。

話はややこしくて、アンデルセンのデンマーク語原文が、レクラム文庫でドイツ語訳されたのを留学中の鷗外が読んで感銘し、十年かけてすばらしい日本語に訳した。しかし舞台はイタリアで、鷗外は一度も彼の地を踏んでいない。

お蔭様で私は毎年、イタリアを旅する幸運を得た。そして毎回、おいしいものを食べ過ぎて体重は微増中である。

昼はめいっぱい現地を歩き回り、図書館や博物館に行く。安野画伯はたいへん元気で仕事熱心、さあ夕食というころは夜の九時、夏のヨーロッパの陽が落ちかけている。群青色の空にオレンジの街灯、そのもとで、安野さんはよく話し、よく笑い、よく召し上がる。本当に一緒に旅してこんなに楽しい方もないのだ。

そして私はすっかりイタリアワインの虜になった。

ヴィーノ・ロッソは赤ワイン、ヴィーノビアンコは白ワイン。ヴィーノ・デ・ラ・カーザはその店のワイン。日本でハウス・ワインというと一番安くてそうおいしくないが、イタリアの田舎町に限ると、太陽のめぐみを受けて、ときにジュースじゃないかと思うくらい濃い。ぶどうのカスが混じってたりもする。本当の自家製なのだ。

とくにテルラチナの石段の町で飲んだ、白衣のおばあさんが運んできたヴィーノ・デ・ラ・カーザときたら。これでイカのフリット、手長エビ《スカンピ》、トマトの手打ちスパゲッティを食べたのですからね。

『即興詩人』にもおいしいワインの情景は多い。

「『フォリエッタ』の葡萄酒さへその瓶に飾ありていとめでたかりき。瓶の口に栓がはりに挿したるは、纔《わず》かに開きたる薔薇花なり」。

フォリエッタというのは量を示し、その通りの陶器のデカンタが出てきたりする。舞台のフラスカーティはさっぱりした白ワインの名産地。

「我等は酒家に入りぬ。……共に一瓶の薔薇酒を酌み、友誼の永く渝《かわ》らざらんことを誓ひて別れぬ」

主人公アントニオとベルナルドの友情の酒。しかし恋人アヌンチャタをめぐって二人は決闘をし、アントニオは友を撃ってナポリへと逃走する。そしてベスビオの噴火山へ登ったくだり。

「兵卒数人火を囲みて聖涙酒を呑めり」

まさにそのラクリマ・クリスティ（キリストの涙）をベスビオの売店で売っていた。安野さんと私は顔を見合わせ、これだ、と叫んで求めたのはいうまでもない。

ところで訳者、森鷗外自身は外で多少、日本酒をたしなんだようだが、家では「勉強の妨げになる」と酒を置かなかった。来客には少量のビールを出した。その精進からこの美しい訳文は生まれたのである。

ホテル・オークラの思い出

ホテル・オークラは港区虎ノ門にある。そこは昔、芝区城山町といったあたりで高低差のある土地だ。いまを去ること四十年近く前、私はその近くの出版社で働いていた。二十二歳だった。私のいたオフィスは森ビルのナンバーがついていた。英語の翻訳出版が多く、マンスフィールド・アメリカ大使の本も作ったし、W・バーチェット『立ち上がる南部アフリカ』、弁護人抜き裁判を扱った『荒れる法廷』なども作った。

近くにはアメリカ大使館、スウェーデン大使館、スペイン大使館があり、根を詰めて疲れると、まだあった霊南坂教会やその辺りのお屋敷町を散歩していた。

共同通信の記者に手分けして翻訳をしてもらうことが多く、原稿の受け渡しや打ち上げでよく行ったのがホテル・オークラ。当時はまだファックスパソコンもなく、編集者は著者や訳者と必ず会わなければならなかった。

両翼を広げる外観の焦げ茶のナマコのような壁、メインロビーの梅の形の低い椅子、切り子がつながったような照明、活けられた大きな花。奈良ホテルや万平ホテルほど、とんでもなくクラシックではない。自分が物心ついた昭和三十年代のインテリアを私は五十年代に体験していた。ほんの二十年ばかりのタイムスリップ、そこは浅丘ルリ子と石原裕次郎が現れそうな空間であった。

美しいタイルや内装で知られるこのホテルの創業者は大倉喜七郎という。

父の大倉喜八郎は戊辰戦争で武器を長崎のグラバーなどから仕入れ、官軍方に売って大もうけした。二代目の喜七郎は、慶応義塾からケンブリッジ大学に留学、自動車、スキー、美術蒐集から長唄まで、趣味人として生きた。

男爵であった彼が戦後、公職追放されながらも、ナショナルフラッグとして誇れるホテルを作ろうとしたのがホテル・オークラである。

そこには建築家谷口吉郎の采配のもと、富本憲吉、岩田藤七はじめたくさんの美術家や職人がかかわった。壁の飾り、モザイク、照明、カーペット、障子の建具、椅子やテーブル、ドアノブ、一つもゆるがせにしなかった。そうしていま見るような美しく、落ち着く空間が出来上がった。

二十二歳の私にとってここは晴の舞台だった。さあ、これから仕事をするぞ、という社会へのデビューの時期だったからかも知れない。スーツやワンピース、ストッキングにハイヒールで私はこのホテルに足を踏み入れた。記者にランチをおごってもらうこともあったし、「モリさんをオークラのバーにお誘いしていいですか?」などと社長のお墨付きを得て、デートに誘ってくれる著者もいた。

かとおもうと私が必死にゲラと格闘していたテーブルの脇を、ロングドレスの高校時代の友人が結婚披露宴に向かうのも見た。桃花林の中華料理を初めて味わったときの驚きよ。このところ、オークラには文藝春秋社の忘年会兼菊池寛賞授賞式くらいしか行かないけれど。

そこに二〇二〇年オリンピックに向けてオークラ本館を建て替えるという話を聞いた。これはけしからぬ。建物とか空間の居心地の良さというのは微妙なバランスの上に成り立っているのだ。いくら最初の設計者の子息が建替えを手がけるといっても、うまくいくのだろうか？　いまこんな金に糸目を付けない贅沢なインテリアはできないし、富本憲吉はじめすぐれた意匠家もいないのである。

三十年間、さまざまな保存運動にかかわってきたが、インテリアの文化財指定というのは聞いたことがない。空間の質を測る定義というものは日本にないらしい。だけど海外にも「オークラしか泊まらない」というファンが多くいて各国のＶＩＰも、「壊すならもう泊まらない」とさえ言い出している。これは壊すのは観光立国を目指す日本には実にもったいないことではあるまいか？

たしかにホテルとは清潔さ、空調や遮音、利便性、パソコン環境なども大事だが、ここに泊まる人々はそれを越えた何かを求めているのである。

「オークラに恋をした」外国人客は多い。そんな場所はこの東京にめったにあるものではない。私にとっても建築のすばらしさを、空間の質というものをしたたかに味あわせてくれた東京の建物といえば、前川國男の東京文化会館、丹下健三の聖マリアカテドラル教会、そしてこのホテル・オークラをおいてない。同じ作者の文京区立森鷗外記念本郷図書館を、私は数年前に失った。

あの伸びやかな庭とテラスの居心地の良さは、きちきちに建て直された権威主義的ないまの記念館には望みようがない。

後悔しないように、私はまたオークラでランチをし、息子とバーで飲む。壊されるとしても、建築にかかわる仕事の息子に銘記してもらいたい。

私の好きな秘湯

秘湯とは何だろうか。文字どおり、秘められた湯で、あまり簡単に到達できないところ。とすれば山の中である。海辺近い宿を秘湯と呼ぶことはあまりない。

山の中とすれば、たまたま山登りをした人が見つけた宿というのが、秘湯に最も適合するのだが、私に登山の趣味はないので、秘湯と聞き込んだところに歩いてゆくことになる。

それはまだ、人々が指宿《いぶすき》とか別府とか熱海に団体で出かけて、芸者をあげてどんちゃんやっていた時代のことであった。

まだ秘湯ガイドブックもないころ、なぜか父が奥鬼怒《おくきぬ》の加仁湯《かにゆ》温泉なるところへ行こうといい出した。私は高校一年の生意気ざかり、親などと温泉に行きたくはなかったのだけど、親の希望する家族ごっこにつきあって出かけた。

日光鬼怒川は東京からわりと近いが、そこから女夫淵《めおとぶち》というところまでバスに揺られ、また林道を二時間歩いて加仁湯に到達。大きな露天風呂に入り、囲炉端でイワナの塩焼に感動した父は、お替りを所望したりしてちょっと恥ずかしかった。

次の日は尾瀬の方まで山登り、たしかにあのころの加仁湯は秘湯であったが、聞くところによればその後、ずいぶん人気が出て増築したとか。その近くの日光沢、手白沢なども開けて、フランス料理を出すようになったとも聞く。

結婚して子どもが生まれたころ、那須の北温泉に子連れの何家族かで行った。バス停から山中を歩く。いくつもの風呂は混浴で、裸のお坊さんから温泉玉子を貰ったり、夜、障子一枚の戸からすきま風が吹いて寒かったりした。その後「テルマエ・ロマエ」とかいう映画のロケ地となり、いまはやはり立派に増改築して、秘湯ではなくなってしまったようである。ことほど秘湯をメディアが消費する速度は早い。

子どもが小さかったころ、私は朝日新聞の折込みを見て、よく「日本秘湯を守る会」に加盟する宿に出かけた。春先、まだ山に雪が残るシーズン、客が少ないので、どこも一泊八千円ほどで泊まれたと思う。

同じ八千円でも行ってみると雲泥の差があった。いまでは超人気の宿で予約がとれない信州須坂からバスで三十分、仙仁温泉「岩の湯」も八千円で泊めてもらった。しかも子ども三人で大人一人前にしてもらった。宿の人も感じよく、洞窟風呂は面白く、すばらしい食事に感激した。かと思うと、名は秘すが、すごく安っぽい造りで、冷蔵庫の臭いのついた漬物や魚の甘露煮しか出てこない「秘湯の宿」もあった。

私は温泉に何をしにいくのか。

間のびしにいくのである。東京におけるもろもろのこと、ひっきりなしの電話、ファックス、メール、高速道路、高層ビル、うるさいアナウンス、車の音、そういうものから逃れたい。別にゼイタクな宿でなくてよい。静かで聞こえるのは鳥や虫の声、渓流の音、木々を渡る風の音。建物はコンクリのビルでなく木造、欲しいのは土地の言葉と土地の料理。宿の主人であって、オーナーとか社長であるのはいささか困る。

カメラ目線の美人女将も困る。宿の載った雑誌なんかがレイレイしく広げてあるのもごめんだ。湯は広くなくてよいから、かけ流しが好ましく、塩素の匂いがするのは願い下げ。と書いて、ずいぶん無理な注文だとは思う。「日本秘湯を守る会」加盟の中でも青森の蔦温泉旅館、乳頭温泉・鶴の湯旅館、木賊温泉・井筒屋、沢渡温泉・まるほん旅館、地獄谷温泉・後楽館などはそれを守っている宿だった。

蔦温泉の仲居さんの親切と、ソファにかけてあった昔風の白い木綿のカバーを忘れない。鶴の湯の主人がニコニコと運んできた鍋のうまかったこと、井筒屋のおばあちゃんが、うちの子どもたちが川遊びしたあとの濡れた靴に新聞紙をつめておいてくれたこともなつかしい。

まるほん旅館の窓から見た夕焼けと、廊下の隅にぴしっと干された雑巾の白かったこと、後楽館のおばあちゃんのつくるちまき、猿と入った露天風呂。すべて私の人生にともった小さな灯のようなもので、いつも思い出し、心が温かくなる。

しかし「秘湯を守る会」の旅も所詮組織、多くは有名になりすぎて混んでいるし、むしろ会に属さぬ秘湯も多い。そもそも秘湯を教えるということ自体、形容矛盾で、とくに名を秘すのが自分のためには正しい。が、あえて最近、私が秘湯と感じた宿を二つ挙げよう。

一つは武田尾温泉河鹿荘。宝塚まではマンションが建つ郊外なのに、突然武田尾は武庫川峡谷になる。そこの茅葺き一軒宿。女一人でもいいですか、というと、どうぞ、うちはたいてい一人旅ですよという。

味噌味のいのしし鍋をこたつで食べ、単純硫黄泉の清潔な温泉を一人占めした。客は私一人。翌朝、何時の電車がありますか、と聞くと、調べてくれたが、壁に貼ってある時刻表は昨年のだった。「あっはっは、来たのに乗って下さい」といわれ、私は洞窟のようなホームでじっと電車を待っていた。秘湯である。

もう一つは京都の北白川天然ラジウム温泉。京都での仕事帰り、銀閣寺通で待っていると迎えの車が来、山を越えて比叡山へ向う途中、ひなびた宿が崖にへばりついていた。知る人ぞ知る湯に来た地元の人が帰ったあと、これまた万病に効くラジウム温泉をひとりじめ。湯気もうもう、これを吸うと体の内からラジウムが吸収され体がポッカポカ。食事も手作りでおいしく、京都から呼んでもらった男性の指圧師さんがまた上手で、知識の多い立派な人だった。ここも泊り客は私一人。

どうも私にとって秘湯とは、客の少ない、ざわついていない宿のことらしい。

歴史的建造物の宿

洋風のクラッシック・ホテルや木造三階建ての宿がやたら好きである。が、早く泊まりに行かないとなくなってしまう。東京ステーション・ホテル、奈良ホテル、軽井沢万平ホテル、箱根富士屋ホテル、函館ホテルと泊まった。しかしいつか行こうと気にしていたうちに、熱海ホテルや逗子ホテルは壊されていた。

バブルがはじけて以来、地方の中心都市の由緒ある旅館や料亭が次々と消えていく。地元で聞くと、官官接待が禁止されたため。県庁所在地の一流料亭は閑古鳥で廃業に追い込まれるところもあるという。官官接待はよくないが、由緒ある建造物が消えるのは残念。

山形県の名旅館後藤又兵衛も保存運動にもかかわらず廃業した．松本のいちやま旅館は区画整理で消えた。長野善光寺門前の五明館扇屋はレストランとなって再生した。廃業する場合、別の用途で残せないかを探ってみる必要があろう。

先月は箱根の富士屋ホテルへ行った。昭和天皇、現天皇夫妻からチャップリン、フルシチョフなど要人、文化人も数多く泊まった宿である。明治の洋館が二つ、昭和初期の花御殿と装いのちがう擬洋風の建物が立ち並び、一つ一つのインテリアも全部異なる。内部のステンドグラスや彫り物も、壊したら再びはつくれないような凝ったもの。ビリヤード場、洋書のいっぱい並んだ図書室、室内プール、メインバーなどもなかなかのたたずまいである。

私の泊まった部屋は明治の建物で、キングサイズのベッドが置かれ、天井は高かった。なんでもジョン・レノンが泊まった部屋だという。三方にフランス窓が開き、どっしりしたソファには手のこんだクッションが置かれ、居心地はよかった。女の子が憧れる猫足の陶器のバスもあったが、さすがに冬で寒そうで、大浴場の方に入りにいったが、夏ならば気持ちいいだろう。

かなりの維持費がかかる。そのわりに冬場の客は少ない、とこれほどの有名ホテルでも経営は大変らしい。格天井の高いダイニングルームで、朝日のさし込む中で優雅な朝食をいただいた。ぜいたくな空間と時間のためならば、文化遺産の維持のためならば、多少宿代が高くても文句はいわない。

先週は長野の渋温泉へ行った。長野駅はいかにも善光寺の門前らしい和風のたたずまいであったのに、冬季オリンピックをきっかけに壊してしまい、エレベーター付きの四角い建物に変わっている。残念なことである。長野電鉄に乗り換え、渋に着いたときは大雪だった。

渋温泉の町並はすばらしい。細い、曲がりくねった道の両側に、小ぶりの旅館が並ぶ。来る前、一番有名な三階建ての金具屋に予約の電話をかけてみたが、団体さんでいっぱいで、と断られてしまった。通ってみたらほとんど電気が点いていない。女の一人旅が敬遠されたのかも知れない。

結局、初の湯という小さな宿に泊まったが、実にアットホームでよかった。七畳半の部屋には炬燵《こたつ》があり、窓からは裏通りの景色しかないが、桧の風呂で温まったあと、しんしんと雪がふるのを見ながらビールを飲むと、しみじみとした旅情があった。

渋から雪の直江津に出たら雪で二時間遅れ、途中下車して居酒屋で一杯飲んだ。待合室のストーブのそばで酔っぱらいの歌を聞きながら待った。なんという濃密な時間だったことだろう。

金沢に夜十時につき、築百年の古い家を改造した八室ほどのカメリア雪椿というB&Bに泊まった。ああ、もっと早い時間に到着したかった宿である。ベッドと朝食、さっぱりしているが親切な対応。それで十分。こんな宿は歴史的宿泊施設の新しい行き方を示しているように思える。

伝建が三つある町・萩

山口県萩市で日仏景観会議が行われた。

幕末まで長州毛利氏の居城があったところで、平安古《ひやこ》、堀内《ほりのうち》、浜崎と三カ所の国の「伝建」地区を持つ。伝建とは「伝統的建造物群保存地区」の略で、いわゆる単体の建物でなく、町並み全体として守っていこうという制度である。市町村など自治体が住民の同意を得て、文化庁が選定する。妻籠《つまご》、知覧《ちらん》、倉敷、京都産寧坂《さんねいざか》など全国に百を超える美しい伝建の町並みがある。

萩の場合、一つの市に三つもあるが、これは住人のみならず、市長以下、市役所の担当者たちの努力のたまものだ。

少し早めに着いたので、一人でブラブラしてみた。まず青木周弼《しゅうすけ》邸跡へ。お医者様で、その孫に当たるのが外務大臣を務めた青木周蔵。そのまた子孫がペルー大使公邸占拠事件の際の大使。といっても、周蔵と夫人エリザベートには女の実子しかいなくて、その子孫はドイツに在住という。青木家は藩お抱えのご典医で禄高二十五石であるが、住みやすそうな家だ。

その並びに木戸孝允旧宅、孝允は医者和田昌景の長男としてここに生まれた。それから桂家を継ぎ、小五郎の名で幕末志士として活躍、維新後、木戸孝允となる。チョンマゲ姿も洋装も似合う、なかなかかっこいい人だった。糟糠の妻、芸妓であった幾松の洋装姿の写真を初めて見た。この子孫にも戦中の内大臣で「木戸幸一日記」を残した人がいる。

「青木さんとこは眼科で、こちらの先祖は皮膚科の先生。高杉晋作さんの疱瘡を治したというから名医だったのでしょうねえ」

と、管理の女性がまるで親戚のことのように話す。その近くには高杉晋作の生家もあるし、国の登録文化財久保田家や、藩の御用達を務めた豪商で本陣だった菊屋家住宅（重文）もある。

それぞれの家は丁寧に修復されていたが、人が住んでいないので、家具なども少なく、ややガランとした印象だ。

堀内伝建地区に行くとそのイメージがもっと強まる。幕末にいまの山口に城下町が引っ越し、家臣団の邸は主を失い、夏ミカン畑になった。萩といえば思い浮かぶ、土塀や生垣の向こうに夏ミカンが茂る風景はこうしてできたのである。

海に近い浜崎という伝建地区は、これに比して生活感が溢れていた。焼き板を縦に張った木造の家、夏はおそらく取り外し、開放的であったであろう揚戸、海産物問屋、漁具屋、造り酒屋と両替商を営んだ須子《すこ》家など、どこも人がいて、土地の歴史を解説してくれる。

須子家子孫の方は「寿古」という屋号の由来を話し、火打ち石、家に伝わる浮世絵などを見せてくれた。見事な白い土壁にいくつも丸い痕跡があり「あれは何ですか？」と聞いた。

「ああ、あれは息子がこの土間でスカッシュをやっとったんです。その息子も大学を出て、いまはこの町にいません」

人が生きてきた空間、という感じだ。

「幕末、列強の艦隊に長州が攻められたとき、うちの先祖が指図して、女子どもを中心に築いたお台場がある。ぜひ見てください」とおっしゃるので海辺を歩いた。女台場と呼ばれ、見事な土塁を築き、松並木になっている。

景観会議ではソルボンヌ大学学長で地理学者のジャン・ロベール・ピット氏が講演された。印象的な言葉が二つあった。

「景観は観光のために整備するものではない。そこでまっとうな生業が行われていれば自ずと美しい景観が生まれる」

「景観は税金によって保存されるべきものではない。そこに住む人々の暮らしと努力のなかから美しい風景は守られるべきである」

フランスのブドウ畑や牧場、村の美しい景色は生活のたまもの。景観法がようやく整ったが、規制と資金の整備ばかりが話題になる日本とは、ずいぶん違うものだと思った。

翌朝、私にとって懐かしい建物を見に行った。東京の大井にあった伊藤博文別邸。ハルピンに赴いて暗殺される前年、伊藤が建てたものである。建物が壊されそうになったとき、私は見学に行った。もうあきらめていたが、その一部が萩市長・野村興児《こうじ》氏の英断で萩に移築されているのだ。茅葺きの生家の隣に、豪壮なそれはあった。

その向こうには田が広がり、プーンとこれもなつかしいにおいがした。おじいさんがなんと肥桶を担いで田に行くところだった。萩ではまだまっとうな生態系の循環がある。

これこそうれしくなるような景観であった。

萩の町並み

エアライン選び

今年もすでに十数度、飛行機に乗った。

最初に飛行機に乗ったのは十九歳の冬で、北海道の恋人の家に遊びに行ったのだった。そのときは怖かったが、いまや子持ちで仕事もあるとそんなことは言っていられない。日帰りで旭川や熊本を往復したこともある。

子育てにかまけた歳月がすぎ、二年前に二十年ぶりにパスポートをとった。どこか行きたくなってまずはインドに二週間旅した。これで自信がつき、一人で地球のどこにでも立てそうな気がしてやみつきになり、その年三回、翌年六回、今年ももう四度、海外へ旅した。搭乗手続きやパスポートチェック、お金の両替や空港から町への入り方など、ずいぶんのみ込んだが、エアライン選びは難しい。

というか格安チケット派としてはそう選ぶ余裕もないのだが、何十回、何百回と渡航している方々からはずいぶん怖い話もきく。最近、「間違いのない航空会社選び」といった本も続々出ているが、やはり機体の古い会社は敬遠した方がよいようだ。

シンガポール航空の人気はスマートなサービスばかりでなく、とにかく機体を最新のものにとり換えるサイクルが早い。カンタス航空も会社発足から一度も死亡事故を起こしていないという。

そうはいっても選びようのないときもある。モンゴルへはチャーター便以外、モンゴル航空（ミャット）しか就航していない。それでウランバートルまで行った。椅子に古ぼけた白い布のカバーがかかり、リクライニングにしようかと思ったらガクンと水平に倒れたのには驚いた。

さらにゴビ砂漠までプロペラ機に乗る。このときも朝七時の便がなぜか夕方近くまで十時間待たされた。ガイドのモンゴル人は「みなさん運がいい。この前歌手の石川さゆりさんが来ましたが、二日、飛ばなくて待たされてましたよ」。しかも窓から見ると地上係員がプロペラを手で回しているのにも驚いた。

去年、香港から昆明へ乗った雲南航空とか、アンコールワットのあるシェムリアップからプノンペンまで乗ったカンボジア航空も怖かった。

飛行機は乗り込んだ客が座らないうちに動き出し、ほんの短い助走ですいっと飛び立った。上昇していく際、操縦席のドアが（壊れていたのか）パタンと開いて、その向こうに青空が見えた。まるで乗合バスのような簡単さである。

だからバンコクからＪＡＬのジャンボ機に乗ったときはホッとした。多少揺れても、「ただいま気流の悪い所を通過しておりますが、計器飛行なので安全に問題はございません」と日本語でアナウンスがあるだけで安心感がある。鋼鉄の物体が空をとぶメカニズムがいまだにのみ込めない私は、飛行時間の長い海外便ではこの足の下は空だと思うといまだにヒヤッとする。が、回を重ねるにつれ、そんなことも考えなくなった。

雲南の原生林やゴビ砂漠は窓から眺めて地形、地理もわかり、良かったが、最近では通路側の席をたのむ。一度、エア・インディアの窓ぎわの席にいた私は、通路側の二人が眠りこけているため、八時間お手洗に行けず死ぬ思いをしたからである。

エア・インディアは成田で乗ったときから機内はインド、サリー姿のキャビンアテンダントが運ぶベジタリアンの機内食がおいしいが、帰りの便に乗る意志確認であるリコンファームが必要でめんどうくさかった。いまはどうか知らないけれど。

繁忙期の夏だったので、私は町から事務所に電話をかけつづけたが、いつもお話中か事務所は休みであった。もっともリコンファーム不要のはずのエア・フランスでパリから帰ろうとしたらオーバーブッキング（予約超過）で、四十フラン（八千円ほど）あげるからロンドン経由で帰ってくれ、といわれたこともあった。ユーロになる前の話だ。

先日はマドリッドからＪＡＬの直行便で帰ってきた。行きはＫＬＭだった。ＪＡＬのかゆいところに手が届くようなサービスは私には過剰に思えた。何でも持ってきてくれるのね、というと同行者が、でないと客が立ち上がって収拾がつかないからね、という。たしかに、あのにこやかさは客の管理のためなのかもしれない。

みなきれいだが華奢すぎる。いざというとき乗客を守ってくれるのか。ＫＬＭのがっしりしたキャビンアテンダントなら、犯人に刃物をつきつけられても賊の手を逆手にねじりあげてしまいそうだ。

キャビンアテンダントは、容姿端麗より体力・気力で選んでほしい気がした。

せわしない日本のレストラン

今年の春はイタリア、夏はプラハ、そこからマドリッド、リスボンと旅をした。どこへ行っても昼にレストランに入れば二時間はかかった。

ヨーロッパのレストランは勝手に入って勝手に座ることは許されない。テーブルが空いていても、入り口でマネージャーに人数を告げ、待たされることもある。いざ用意がととのい、ウェイターが案内してくれ、メニューが渡される。

それからが長い。なかなか注文を取りにきてくれない。のびあがって手を振っても、通りすがりに声をかけても、向こうは気づいているらしいが物には順番というものがあるらしい。それが片付かないと来ない。それも各ウェイターがいくつか卓を担当、いわば縄張りがあって、案内してくれた以外のウェイターに頼んでも知らんぷりである。

プラハはNHK「わが心の旅」のロケであり、最初の五日間くらいは日本のクセが出てイライラした。日本のラーメン屋なら五分か十分で出てくるのに。が、別に急ぐ旅でもなし、とくに書く仕事は持ってきてもないし、ただ楽しめばいいんだ。

それからはウェイターが来ないので幸い、メニューを隅から隅まで眺め、どんな料理か想像する。「チェコの一皿」って何だろう、「プロケス中尉のコートレット」って何かしら。頼んでみると予想もしないものが出てくる。当たりはずれがすごいが、それも楽しむことにした。(フィレンツェでデザートを頼んだら手長エビの空揚げが出てきたのには笑ったが)

食前酒が出、スープが出る。メインの皿が運ばれ、コーヒーかデザートが出、立ち上がって払うまでほぼ二時間。昼も夜も。でも気の合う仲間となら、そのくらいの時間はあっという間。とはいえ、撮影が仕事なので、昼の太陽が出ている間に二時間レストランで過ごすのはもったいなく、昼はアシスタントの女性が人数分ホットドックなどを買ってきてロケバスの中でかじることにした。

問題は量の多さである。カツレツが一つドンならいいが、大きな皿にドンドンドンと三つつく。日本の三倍はある。そこでスペインでは四人でスープ二つ、サラダ一つ、メイン二つくらいを頼むことにした。するとウェイターは「それを四人で？」といぶかしがる。日本人の胃は小さいの、とか、あまりおなかが空いていないので、とかいいわけをして、何とか通してしまった。

ウェイターの見てない隙にエイヤッと皿を回す。一皿をシェアするというのは日本人はよくやるが、ヨーロッパの人はやらないようだ。イタリアでも我々は四人で皿を回していたが、通訳のイタリア人だけは自分の皿だけを黙々と食べていた。

肉食に飽きると、しょうゆ味のものが食べたくなる。しかし日本料理は少ないし、高いわりに素材が良くない。おのずと中華料理へ向かう。なぜか安い。白いご飯に酸っぱいスープや青菜いためが、さっぱりとして実においしく感じられる。

ローマで、とある中華料理屋に入った。向こうの席のイタリア人男性二人、まず焼きソバとチャーハンを注文。それからスープ。さらに牛肉と鶏を一皿ずつ、それぞれ囲い込むように一人ずつで食べ、コーヒーをのみ、二人で「イル・コント（勘定はオレだ）」と叫んで立ち上がった。（焼きソバの）麵はスパゲティ、チャーハンはリゾットでプリモ・ピアット（第一の皿）、肉はセコンドとイタリア風にやってるんだな、とおかしかった。

ところが向こうのリズムに馴れて日本に帰って店に入ると腹の立つことばかりである。

日比谷で二人でタイ料理の店に入る。有名店で行列である。店は混んでいて相席でいいかと聞かれる。一人で二品ずつ頼まされる。あっという間にトムヤンクンやパパイアのサラダが運ばれてきた。

三十分もたたぬうち、ウェイトレスが皿を下げにきてデザートはと聞く。まるで流れ作業である。皿にはまだ料理が残っていたので、まだ食べているのに下げないで、と言い返し、デザートは頼まないで外に出る。ああ、昔はいい店だったのに。

息子と新宿へ行き、大学時代に揚げたてに感動した天ぷら屋に入る。席に着くなりお茶とメニューが渡された。天ぷら屋で〝レディースセット〟とか〝花コース〟とか横文字のお仕着せが嫌だが、それしかない。

五分もしないうちに、細々と小鉢や天ぷらが並べられ、さらに十分すると、ご飯のおかわりは、お茶は、ときた。案の定、五分後には「もうこちらは下げてよろしいでしょうか」ときた。反論する気にもならず店を出る。滞留時間二十五分。

焼肉屋でも最低一人カルビとタン焼一人前以上オーダーせよという店もある。韓国ではタダでたっぷり出てくるキムチやナムルも、ほんの少しでしっかりお金を取る。忘年会シーズンは二時間で店を追い出される。

客単価、回転率、入れ込み……外国の時間の流れにくらべ、日本は何とギスギスとせわしないことか。外食をせず、家でゆっくりご飯をたべるのが、いま私の幸せだ。

北九州門司にて

関西のお嬢さんにはかなわない

東京もんがとにかくかなわないと思うのは関西の、とくに阪神間のお嬢さんではないだろうか。高校のとき、谷崎潤一郎の「細雪」を読んで、どうしたらこんな女の人が育つのかと驚いた。もっとも、震災後の東京が嫌になって関西へ移り住んだ谷崎の美化もあるらしいし、あの関西弁はヘンだという人もあるけど。

大学一年の私が夏休みに御堂筋でアルバイトをしていたことがある。回った調査の用紙をチェックする仕事だったが、海千山千のおばちゃんたちに大阪弁でどなられ、なめられ、からかわれ、十八歳の私は悔しさに泣いた。そのとき泊めてもらっていたのは大学の先輩の芦屋の豪邸。高台から海に向かって夜景が見え、私の泊められた部屋は二間つづきで、なんと御簾《みす》が下がっていた。夢のような昼夜の格差だった。

阪神間のお嬢さん、といえば、イタリア文学者の須賀敦子さんを思い出す。九二年に新聞の書評委員会で出会い、九七年に亡くなられるまで親しくしていただいた。昔話はなさらなかったし、関西弁は使わなかったが、どこかに関西のお嬢さんの匂いがあった。怖いもの知らずで会話のはしばしに諧謔味がある。

会で真向かいに座った須賀さんが私に、「あなたの隣に座りたくないわけじゃないのよ」と笑ったのを覚えている。病院の高層の部屋に行くと、「ここから見ていると、東京をこんなに汚くしたおわびを誰にしたらいいか、わからなくなるわ」と悲しがっていた。こんな言い方の一つ一つが強く印象に残っている。

あとで聞いたことだが、須賀家の人びとは、そろって話術巧みであったらしい。そして須賀さんは子どものころ、親戚の集まりなどでは高座をつくって落語を一席やったという。関西名家の「絶対語感」とでもいうべきか。

関西のお嬢さんにその後、なかなか出会えないできたが、二〇〇〇年から中世史の脇田晴子先生と、ある委員会でご一緒することになった。知識はもちろんのこと、何を一言おっしゃっても聞きほれるばかり。

晴子先生がこのたび滋賀県立大をめでたく退官されるに当たり、私家版「春鶯囀の記」をつくられ、一冊を恵まれた。こしかたの記録であるが、ここに記された生家麻野家の人びとが実に面白い。私がプロデューサーならTVドラマにしちゃう。

お父さんは阪神間の地主家主であり、仕事をもつというより河東碧梧桐門下の俳人、趣味人のようである。九人兄弟の八番目に晴子先生が生まれたとき、男と女、どっちが欲しかった、と聞いたら、お母さんは「いいや、どっちもいらん、この年になって恥ずかしいと思った」とおっしゃったそうだ。なんて正直な。「そんな子に慰められることもある」とあわてて付け加えたそうだが。晴子先生は長いこと、「賢い子守が付いていたのにお前はなんで、勉強嫌いなんやろ」といわれていたが、大学に入ってやにわに学問をやり出すとお母さん、「やっぱり子守が賢かったからなあ」。

小学校へ入ったころ、厭戦家のお父さんが「学校なんかそうまじめにいかなくってよい。教師はろくなこと教えん」というので、休みがちになり、その代わり、お能の仕舞に夢中になった。お父さんは子どもたちをつれて弁当持ちで京都や奈良をめぐり歩いていうには「焼かれてもう見ることができんようになる。今のうちに見せとかなあかん。学校より大事や」。

いよいよ戦争もおしつまり、兵庫の親戚に縁故疎開をするとき、お母さんは子どものリュックに銀行の通帳や大切な書類や現金をいれて、「皆死んだら、これみんなあんたのものだっせ」といった。そして戦後。実家が農地解放で土地をとり上げられたとき、お父さんは「先祖代々絞ってきたからなァ、仕様がないわい」とつぶやいたという。

もうどの一言も、東京人には言えぬセリフで、ほのかなユーモアが漂う。

こんなすてきな両親も、娘が共学の神戸大学へ進むときは反対し、大阪の女子大を勧めたらしいが、このときはお兄さんが「大阪向いて地下鉄に乗ってゆくと痴漢がでる」と説得してくれたという。

一人の少女が第一線の研究者に育つまではまさに「人に歴史あり」。でも私はこの実家麻野家の「絶対語感」になんとも瞠目させられた。

大阪の町は「なんとなく巴里的」

今年は林芙美子の生誕百年で、いろんな本が出たが、『下駄で歩いた巴里』(岩波文庫)が面白い。北京、ハルピン、シベリア、巴里、樺太、江差、奈良……散歩でもするようにどこでものし歩いて、とっても旅が好きなのね。

林芙美子というと、両親につれられ行商していた九州の炭坑地帯、定住して女学校へ通った尾道、そして上京して女給や事務員をしながら詩を書いた東京、を思い出すのだが、同書の「大阪紀行」に

「私は、子供のころ、大阪に、五年ばかり住んでいた」

とある。おやおや。真に受けてはいけない。芙美子は自分の生まれたのだって、正月と書いたり五月の晴れた日と書く人だ。年齢をくっても五年はいささか長すぎる。でもこの

随筆、とてもいい。

「私は大阪が好きである」

これは信じてよさそうだ。そのころ芙美子は一年に一度、十銭のぬく寿司を食べることがこの上ないぜいたくだった、という。セイロウでむしたあったかい寿司の上に、あなごや、海老や、玉子焼きの刻んだのがふりかけてあった。

家庭の中では食べものは質素だが、町にはおいしいものがたくさんある。のちに、大阪へついてバッテラ（鯖寿司）を買った。少しだけ欲しい、というとそこの店では、気持ちよく売ってくれた。

「東京の商人のような、官僚的な気取りは少しもない」

大阪で、客は「なんぼうや?」と値段をまず聞く。商人の方もはっきり値段をつけておく。そこが東京とのちがいだと。たしかに東京には値段を書いてない店が多い。

私の友人に悪い女がいて、「お見合いをしたあと二人で寿司屋にいったのよ」「へえ、どうした?」「時価って書いてあるのを片端から頼んだら、向こうから断ってくれたわ」とすましていたけれど。東京はときどき怖いところだ。

「私は、巴里で、一年ほど暮したことがあるが、二粒の馬鈴薯《ばれいしょ》を買うにも恥かしくなかったし、一本の葱でも気持ちよく売ってくれた。大阪の生活をみていると、なんとなく巴里的で、言葉の音色も、仏蘭西語に似ている」

と芙美子はいう。気どりのない、掛け値なしの都会、それが大阪、私もそう思う。

芙美子は法善寺横丁の三流旅館に泊まり、大阪中を歩き回る。かや、ふとん、やど、のり、めし、すし、まむし、ひちや、ゆ、そんな看板が目に飛び込む。

「非常に、庶民的であり、直接に肌に来る文字である」

開運湯があり、富貴寿しがある。素直に向上心をあらわす。東京ではモノをはっきり言うこと、上昇志向をむき出しにすることは品がないとされている。山の手ではとくにその傾向がはなはだしい。

私は山の手と下町の境に住んでいるが、お邸の奥様から「お宅のお嬢さん、どちらをお受けになるの」と高校受験のときに聞かれたので、「○○と××を受けるつもりらしい」

とバカ正直に答えた。「おたくは」と聞き返すと。「うーん、うちなんて、大したとこじゃないから」とか何とかごまかされた。きったねえというのはこういうことだ。

ところで当時の大阪には「雨風食堂」というのがあったらしい。小説のタイトルにでもしたいようだが、酒とおはぎがあり、つまり、甘いのも辛いのもある。東京浅草にも、甘いのや辛いのや、ビフテキとエビフライ、おにぎりとおいなりが盛り合わせてある店がある。少ない金で東海林さだおさんじゃないが「あれも食べたい、これも食べたい」という庶民のねがい。それを満足させてくれる店なのだ。

「いわゆる、上流家庭の生活は、私には必要はないのである。働く大阪の生活が、私には必要であった」

と林芙美子はぴったり書く。この視点が私は大好きだ。

「大阪というところは、めったやたらに神仏を飾りたてるところでもあるようだ」

これも東京から来ると驚くことの一つ。家内安全、商売繁盛。水かけ不動やお初天神や、そんなのが多い。

「相当、油っこい信仰心ではある」という感想に私は笑ってしまった。

さいごに「京阪浄瑠璃というものが、辛うじて、文楽によって、命脈をたもっているかたちである」とある。大阪人の生活風習のなかに近松的ななごりが根強く糸を引いているのではないか、とも見ているが、これはどうか。

文楽は歌舞伎より古い芸能であり、このたびユネスコの「世界無形遺産」に選定された。私も大阪に行くと昼夜ぶっとおしで文楽を見に行くことがある。まあ当日券も手に入るし空席も目立つ。東京の国立劇場で早々に券は完売というのに。なんでかな。大阪人は近松の心を忘れたのかしら。

無用な旅の極意（新潮社『第二阿房列車』解説）

半世紀たってもちっとも古びていない。本当に楽しい本だ。

百閒内田栄造がこれは昭和二十五（一九五〇）年からの旅で、百閒は芥川龍之介より三つ年上の明治二十二（一八八九）年生まれだから、このとき還暦を過ぎたころ、ということになる。

同じ夏目漱石の弟子でありながら、芥川が如才なく早目に売り出したあとも、百閒は大正十一年に短編小説集「冥途」を出しながら、自分を「売り出す」など思いもよらなかった。早熟の天才は昭和二年に自死し、百閒の方は「百鬼園随筆」（昭和八年）ころからじわじわと読者を広げ、昭和四十六年、八十一歳まで長生きして、没後も忘れられることがない。

その中でも「阿房列車」は鉄道ファンはもとより、多数の読者を魅きつけているが、それにしてもなんと素敵な題でしょう。「日没閉門」にしても「旅順入城式」にしても、くやしいくらいタイトルがいい。

そのころ、百閒は戦災で麴町区番町の家を焼け出され、掘っ立て小屋で風呂にも入れぬ暮しの末、ようやく三畳三間の家に妻とともに落ちついたところであった。日本の地方都市も空襲にあって、焼け跡からの復興に忙しかった。

「用事がなければどこへも行ってはいけないと云うわけではない。なんにも用事がないけれど、汽車に乗って大阪へ行って来ようと思う」

あまりに有名な一節であるが、この無用性を百閒の旅はうらやましいくらいに貫いている。誰しも、単調な毎日に、あるいは片付かぬ仕事に、嫌な人間関係に、

「あーあ、どこかへ行っちまいたいなあ」

と出家遁世《とんせい》とまでは行かぬまでも、旅に出ることを夢見る。しかしその前に、切符を買わねばならぬ、宿の予約もせねばならぬ、仕事はカーテンをあけるように前後にしわよせがくる。だんだん億劫になりやめてしまう。

あるいは、せっかく行くならあれも見てこよう、これも調べてこよう。あの人にも会おう。仕事にすればまあ、家を出る口実にはなる。とたんに有用の旅に化ける。

それはまだ文士というものがいまほど忙しくない時代だったのだろう。百閒先生が、自由に家を出られる男であって、勤めもやめ、インタビューだの対談だの締切だの些事《さじ》は「皆ことわる」お人柄だからでもあった。高橋義孝氏が「あの先生は一日四十八時間でいい人ですね。」というぐらいに、何にでも時間を費やして丹念にやっていたらしい。

その人であってはじめて「汽車に乗ればいい」だけの旅が始まる。一等が好き、その次は三等で、魚をどっさり持ち込む漁師で車内がなまぐさくなり閉口しても、そう嫌いではないらしい。しかし「二等に乗っている人の顔附きは嫌いである」。

汽車に乗るのは好きだけれど、切符を前もって買うのは嫌い。その日になって行きたくなくなるかもしれない。未来を拘束されるのが嫌だからだ。ともかく当日駅まで行く。切符が売り切れてないかと気が気でない。

「満員でも売り切れでも、乗っている人を降ろしても構わないから、是非今日、そう思った時間に立ちたい」。

なんとも無理無体である。そのワガママを読者は一緒に笑うことができる。

朝早く起きるのも嫌いである。それは日常の習慣を破るからで、イヤダカラ、イヤダ。それで昼すぎの列車で立つ。特別阿房列車は、十二時三十分東京駅発特別急行第三列車「はと」号である。

日曜のお昼前の駅が混んでいると、

「何のためにどんな用件でこうまで混雑するのか解らないが、どうせ用事なんかないにきまっていると、にがにがしく思った」

いやはや。一番用がないのは書いた本人なはず。

走り出したとたん、「椅子のバウンドの工合も申し分ない」とうれしくなる。あとは窓の外を眺める。ずっと窓の外ばかり見ているので、顔が汽車の煤煙でまっ黒になる。景色が見られないから夜行も嫌である。本当は宿屋も嫌いなのだが、いまみたいに新幹線が通っているわけではない。昼すぎの汽車で出れば大阪へ着くのは夜。一泊せずんば帰られず。

いや夜行にも乗っている。

「六月晦日、宵の九時、電気機関車が一声嘶《いなな》いて、汽車が動き出した。第三七列車博多行各等急行筑紫号の一等コムパアトに、私は国有鉄道のヒマラヤ山系君と乗っている」

なんと快調で無駄のない出だしだろう。じっくり構えているわりに、百閒の文章には無駄がない。きりっと締っている。

このヒマラヤ山系君は国鉄の雑誌を編集していた平山三郎さん。この人が切符や宿の手配をしたり、お酒やサンドイッチを買って来なければ、先生の快適なる無用の旅はのぞめない。わたしなら旅は一人がいいが、かしずかれて気にならないのはさすが、旧家の一人息子。なのにヒマラヤさんの描写ときたら「丸でどぶ鼠」、「年は若いし邪魔にもならぬ」、「泥棒の様な顔をしている」とさんざんである。

宿屋のひどい部屋をあてがわれたのもヒマラヤ山系が「死んだ猫に手つけてさげた様な」汚いボストンバックを持っていたからだと八ツ当り。むしろ「昭和十四年の春三十三円払って穿き始めて以来星霜十三年」という先生自慢の「キッド革の深護謨《ごむ》の紳士靴」のせいではないかしらん。商人は足元を見るといいますから。

この「元来用事のない男」であるヒマラヤ山系がいるために、百閒の無用の旅はひき立つ。紅葉が美しいね、といっても「はあ」、酒がうまいといっても「そうですね」くらいしか受け答えないヒマラヤ君は、しかし宿につくといい酒呑み相手であり、土地の人を相手に談論風発する。よくもこんなこうるさいジジイと旅などしたものだと思うが、平山さんはもともと百閒の愛読者で、「先生の原稿が欲しくてしょうがない」ので会いに行き、終生のお供となった。

「阿房列車」はその国有鉄道の機関誌に掲ったのではないかと思っていたら、どうして「小説新潮」連載だそうである。たしかに国有鉄道に気を遣ったところなど微塵もない。「何となくわんわん吠えている様な大阪駅」とか、定刻に発車しない列車への抗議とか、こきたない車内の風景なども活写しながら、それでもテツドウへの愛に満ちている。「抜けかけた前歯がぶらぶらしている。帰って来る迄にどこか旅先で抜けるだろう。……折角のことだから、抜けた前歯を置き土産にして来ようかしら」

食堂車には行かない。食事をすると宿の食事がまずくなる。「頻《しき》りに『麦酒《ビール》にウイスキイに煙草』と呼び立てた。三つ共みんな不都合な物ばかりであるから、矯風《きょうふう》会に云いつけてやろうかと思う」

戦後までキリスト教の禁酒主義、矯風会があったか知らないが、ここが百閒の愛しいアナクロニズム、三つ共みんな大好物なのだけれどあとを慮《おもんぱか》って食い意地を掣肘《せいちゅう》する。百閒はあくまで、自分の流儀を押しとおす。

朝御飯は、食べない。

昼間から風呂には、入らない。

名所旧跡へは、行かない。

電車の接続に二時間あっても見物はせず、髭を剃り、支那そばを歯のない口ですする。

宿の女中には、従わない。

宴席を設けてあるといわれても、行かない。

それじゃ何を書くことがあるかと思うが、これがいくらでもあるのである。

「宝石を溶かした様な水の色が、きらきらと光り、或はふくれ上り、あるいは白波でおおわれ、目が離せない程変化する。対岸の繁みの中で啼く頰白《ほおじろ》の声が川波を伝って、一節《ひとふし》一節はっきり聞こえる。見馴れない形の釣り船が舫《もや》っていたり中流に出ていたり、中流の舟に突っ起っていた男が釣り竿を上げたら、魚が二匹、一どきに上ってぴんぴん跳ねている。

鮎だろう」

ここを読んだら、にわかに初夏の球磨《くま》川へ行きたくなるではないか。

何の用もない福島の、宿の女中が酌をする。

「会津若松のお酒で」

「成る程。何と云うお酒だい」

「いねごころ」

「稲の心で、稲心か」

「違いますよ。よね心です」

「ははあ、よね心はつまり、よねはお米だね」

「違います。よめごころ」

「そうか、嫁心か」

「いいえ、いめごころ」

「はてな」

「そら、よめごころって、解りませんか」

「もとへ戻ったな」

「いいえ、いめごころ」

「ゆめ心なんでしょう。そうだろう君」

この女中は自分への茶代は受けとったが、帳場への茶代はことわった。「云われて見れば全く茶代を置く程のもてなしも受けなかった様である。しかしそれは一に山系君がさげて来たきたならしい、猫が死んだ様なボストンバッグの成せる業なのである」

百閒先生もくどいですねぇ。

旅の途次にはもちろん怪異もひょんと顔をのぞかせる。松島の宿では伊藤博文の額の大字が踊り出す。薩摩の城山の旅館では狐が陛下に化けて宴会を催した。畳廊下をふわりふわりと歩いていると、廊下全体が上がったり下がったりしているように思われる。部屋に戻ると山系が廊下の籐椅子に掛けている。

「その曖昧な山系の存在で、途端に私のふわり、ふわりは消えた」

ヒマラヤ山系さんは、非現実の方向へ飛び去ろうとする百閒の魂をこの世につなぎ止める役割も果たしている。

私が子どものころまでは、汽車は黒い煙を吐き、窓を上げて弁当や茶を買うことができた。いまやバナナを籠に入れた売り子も来ないいし、城山の旅館は混凝土《コンクリート》のホテルになってしまい、山形の「豊臣時代の豪傑の様な名前の大きな宿」（おそらく後藤又兵衛）もない。味気ないかぎりだ。

それでも時として、わたしは無用な旅に出る。この前は鹿児島の指宿で朝六時二十三分の指宿枕崎線の列車をのがしたら、午後一時すぎまで来なかった。私はなんでこんなところにいるんだろ、お腹の底からムフムフとうれしさがこみあげてきた。

II

旅の空に踊る

軍手にクワ、竹の子掘りだ 【愛知県・足助】

四月の声を聞くと、今年はどこに泊る、と名古屋の友人から電話がかかってくる。花粉症のゆううつな季節も終わり、さわやかな五月、でもゴールデンウイークの有名観光地は人でいっぱい。それを避けて、私は愛知県の足助《あすけ》に竹の子掘りに行く。

東京からはなかなか遠い。新幹線で名古屋へ行って車で連れていってもらう。これがいちばん早い。自力で行こうと思うと、「こだま」で豊橋に出て、名鉄で東岡崎まで乗り、さらにバスで一時間。一度、東海道本線鈍行列車の乗りつぎで行ったら、朝七時半に出て、着いたのは午後三時だった。

とはいえ、いくつもの電車を乗り換え、車窓の景色を眺めてやっと、東京の忙しい生活のリズムから解放されていく。これが究極のぜいたくなのである。

三州足助は愛知高原国定公園の真ん中、山の中の小さな、かわいらしい町だ。三河湾の海産物を山中へ運ぶ飯田街道、いわゆる塩の道の宿場町、ここで手を入れた塩は〝足助直し〟とよばれた。

ここに友人の友人が山を持っていて、竹の子を掘らせてくれる。というか放っておくとどんどん竹林が繁茂するので、掘る人大歓迎。荷物を母屋に置き、長靴にはき替え首に手拭を巻き、軍手でクワを持つ。竹林はかなりの急斜面だ。あるぞー、でっかいのが。

雨後の竹の子というくらい、竹の子の成長は早く、じきに固くなる。総勢二十人ほど、竹藪に散らばって、作業ののち、重い竹の子を山から降ろす。この時期の竹林の黄緑のきれいなこと。陽はうらうらと射す。

草上にシートを広げ、地元の料理自慢さんが持ってきた煮物、焼物、味噌汁。そしてとれたての竹の子の皮をむき、やわらかいところを薄切りにして特製味噌をつけて食べる。いわば竹の子の刺身だが、これがうまい。掘りたてはアクもない。気がつけば小川の端にミョウガがひょんひょん、葉を茂らせている。こいつも引っこ抜いて味噌をつけかじる。

草上の宴はいつまでも続き、持ち寄った地酒が空になり、あちこちでうとうと昼寝がはじまる。いいですなあ。

夕暮れがせまるころ、東京組は街道沿いの玉田屋旅館に向かう。名古屋組はトランクに竹の子をどっさり積んで出発。これを今日中に水煮にして東京へ送ってくれるというのだ。

二階の手すりから手を振る。弥次さん喜多さんが泊ったような江戸末期の旅籠。道を低く、燕がかすめる。友だちが行ってしまい、ちょっぴり淋しく、木の風呂につかったあと、く、燕がかすめる。宿の奥さん自慢の竹の子と油揚げの炊き込みご飯。

足助はよいところがいっぱいある。まず、近くに香嵐渓《こうらんけい》という新緑の名所。カエデ、モミジばかりで、また秋に来たいと思う。また、町並み保存や町づくりに熱心で、中馬館《ちゅうまんかん》という資料館があり、三州足助屋敷《さんしゅうあすけやしき》では炭焼きや番傘づくりの実演があり、紙すき、染物の体験もできる。ここで自分で作った何枚もの裂き織りを私は家で使っている。古着を細く裂いて織ってしまうリサイクルの知恵だ。

マンリン書店の白壁黒板塀の脇の道がよい。そこここの静かな、何げない道をていねいに歩く。

ここまで来て一泊ではもったいない。町営宿泊施設足助村の囲炉裏のある小屋に泊り、バーベキューをして、すぐ前の川で泳ぐのもよい。洋風の宿泊施設百年草では町のおじいさんたちがジジ工房というハム・ソーセージ屋を、おばあさんたちがバーバラハウスというパン屋を営む。観光客より住民が幸せになる施設を、という町の思想が生きている。そこに外来者は混ぜてもらう。
巴川を横断して網が張られ、いっぱいの鯉のぼりがはためく。背景の緑が目にしみる。

【玉田屋旅館】愛知県豊田市足助町西町36☎0565・62・0170
【ホテル百年草】愛知県豊田市足助町東貝戸10☎0565・62・0100
【三州足助屋敷】愛知県豊田市足助町飯盛36☎0565・62・1188
【足助中馬館】愛知県豊田市足助町田町11☎0565・62・0878
【マンリン書店】愛知県豊田市足助新町2☎0565・62・0010

ニッコウキスゲが咲く七月の霧ヶ峰　【長野県・霧ヶ峰】

十代の少女のころ、日本のこの湿った風土が嫌でたまらなかったころに、憧れたひとつのものは登山だった。隣家のお兄ちゃんというよい先達がいるのを幸い、ニッカポッカに厚い靴下、チェックのシャツを着て、北アルプスは穂高や槍に登った。

夜行で松本まで行き、松本電鉄で島々《しましま》へ、そこからバスに乗って明け方、空が白みはじめた上高地に着き、梓川の強い瀬音を聞きながら歩き始める。その行程も、山道で挨拶をかわし二度と会えなかった山の友も、記憶の中で遠くなってしまった。

いまさら北アルプスへ登る力はなさそうだけれど、同じ信州でも八ヶ岳あたりにはハイキングできる山がたくさんある。私は霧ヶ峰の、ゆるやかな緑の丘がつづく中、まっ青な空と白い雲の下に、ニッコウキスゲが黄色く点々と咲く七月が好きだ。八月の終わりになるとマツムシソウ。紫色がかった青い花が咲く。

あるとき縞枯山《しまがれ》から霧ヶ峰をぬけて沢渡《さわたり》といううきれいな名の所まできてくたびれ果てた。そろそろ日も落ちかげんだし、ふとみるとクヌルプというヒュッテの標識がある。これはたしかヘルマン・ヘッセ、『漂泊』という名の小説の原題ではなかったかしら。ヘッセは近年、『庭仕事のたのしみ』という本が評判になったが、娘時代、『秋の徒歩旅行』や『デミアン』や『青春は美し』など読みついだ。静かなさびしさがあった。

今日はここに泊まろう、と同行者にいい、道をすすむとほんとにかわいい、夢のようなこげ茶色の下見張りの山小屋である。聞くところによると大工の技術を持つご主人が自分で建てたそうで、お風呂も小さくて順番待ちだったし、夕飯はカレーライスに香り高いコーヒー、そのくらいだったが、客はみな騒ぎもせず、テラスの向こうの空には星も出て、なんとも忘れられない夜をすごしたものだ。

二階に敷いた布団はさっぱりした木綿の縞模様、階下の食堂にはローラ・インガルス・ワイルダーの『大草原の小さな家』がシリーズでおいてあり、私はそれを借りて、その夜も次の朝も夢中になって読んだ。のちにテレビドラマがＮＨＫで放映されたが、この物語を知ったのはこのときが初めてで、なんとぴったりの場所で読んだことだろう。

ご主人はシブい山男で、若くてすらりとした奥さんと小さな男の子（？）がいたような気がする。それからまた何年かたって、車で通りかかることがあった。気になって行ってみると、昼間の静けさのなか、奥さんが快くチャーハンを作ってくれて昼食をとることができた。

あの宿はいまもあるのだろうか。近くにもうひとつ、「ヒュッテ・ジャベル」というこれも感じのよい山小屋があったように思う。

霧ヶ峰や車山《くるまやま》は、最近すっかり開発がすすみ、車は渋滞するし、ペンションが色とりどりに建っているが、私はあの静かな宿に、それこそまた漂泊《さすら》ってたどりつきたい。

夢みたものは　ひとつの幸福
ねがったものは　ひとつの愛
山なみのあちらにも　しづかな村がある
明るい日曜日の　青い空がある

（「夢みたものに…」）

信濃追分を愛した叙情詩人、立原道造の詩集をめくると、あの夏の霧ヶ峰、沢渡、八島ヶ原湿原の景色が目に浮かぶ。ゆうすげ、あざみ、まつむし草、ふうりん草、黒つぐみ。こんな美しい言葉を書きつけて、詩人は二十四歳で逝ってしまった。

数年前、子どもたちをつれて行ったときは方角を見失い、路線バスも廃止されていて、ひたすら歩いた。ヒッチハイクで山を下り、特急が来るまで上諏訪の駅構内の温泉につかったのが子どもには良い思い出になった。

【クヌルプ・ヒュッテ】長野県諏訪市大字四賀霧ケ峰7718-22
☎0266・58・5624

【ヒュッテ・ジャヴェル】長野県諏訪市霧ヶ峰沢渡☎0266・58・5205

牡蠣を豪快に焼く【北海道・厚岸】

旅をしていままで、どこの何が忘れられないか、といえば、二十年ほど前、北海道は厚岸《あっけし》の牡蠣にとどめをさす。

その前年、秋の終わり、私は北海道出身の男性と結婚したが、新婚旅行などに行く暇もお金もなく、年があけて六月、その人の故郷に向った。学生仲間の手づくりの結婚式に招きそこなった親戚にひとまわり挨拶に行ったあと、義父がかわいそがって、車を貸してあげるからどこか遊びに行きなさい、といったのだった。

いまさら新婚旅行でもなかったけれど、私は加藤登紀子の歌う「知床旅情」に憧れていた。岩見沢から旭川を抜け、サロマ湖へ。湖畔の宿に泊まり、翌日は網走刑務所前でサングラスですごんで写真を撮った。知床へ向い、宇登呂《うとろ》から船に乗り、半島を海から眺めた。

空と海はまっ蒼で、白いカモメたちが船にどこまでもついてきた。

北海道に梅雨はないという。ハマナスは風にゆれ、オフシーズンの平日だからどこへ行ってもすいていた。この先の岩尾別温泉に「地の涯」という旅館があると聞き、気ままに車を走らせる。行けども行けども林。キタキツネに馬鹿されたのかと思うころ、ようやく建物が見え、予約なしで泊まれて、渓流ぞいの露天風呂はすばらしかった。

半島を横切ってコンブで有名な羅臼《らうす》へ、さらに野付《のつけ》本島でトドワラの横たわる不思議な光景を見て、ホッカイシマエビのゆでたてをつまんだ。ぷりぷりしてじつにうまい。

納沙布《のさっぷ》岬は霧が濃く、歯舞《はぼまい》、色丹《しこたん》の北方領土は見えなかった。根室で泊まったのは「友和」という民宿。当時、三浦友和と山口百恵が結婚したばかりで、何だかおかしかった。

朝早く、根室を発つと、霧の向うにポワンと赤いものが見える。何だろうと車で近付くとランドセルなのだ。女の子がひとり、こんな霧の中を朝早く学校へ向うのかと思うといじらしい。また一つ、また三つと道沿いにランドセルがかすんで見えた。

霧多布《きりたっぷ》にはムツゴロウこと畑正憲さんの動物王国がある。また、食物のことをいえば、ほど近い「浜中グランドホテル」、といっても名前ほど大層なホテルではなかったが、ここで牛乳なべを賞味した。鮭、ジャガイモ、ネギ、ミツバ、キノコを入れ、あっさり味噌仕立てにして牛乳とバターが香った。これはなかなかおいしくて、以後、私の定番レシピとなった。

そこからほど近く、厚岸の町へ入る手前の海辺の崖の上にあやめケ原があり、小ぶりの紫の花、ヒオウギアヤメが満開だった。明日からのあやめ祭りの準備に余念がない。前倒しで厚岸名物の牡蠣を網にのせて豪快にバーナーの火で焼き、食べさせていた。もちろん素通りするはずはない。

広島や仙台のと違う、大きくてごろんと身の厚い牡蠣。海から上がったばかりというそれは海の塩味だけで十分うまかった。夢中になってかぶりついたが四つ五つ食べるのが関の山だった。

ゆでたてのホッカイシマエビといい、牡蠣といい、ゆでたり焼いたりするだけで、自然の恵みは何とおいしいのだろう。

それから釧路に出て、帯広から日勝《にっしょう》峠をまわって岩見沢へ帰省した。どこまでもまっすぐ続く道にほかに車の影はなく、半日、人に会わないこともあった。北海道の雄大さに胸打たれ、木漏れ日の道の美しさに酔った。
最近は市や町が次々洒落た宿をつくり、エコツーリズムで釧路湿原カヌーツアーなどもあるらしい。でも私はもう誰かと北海道へなど行きたくはない。その人とは十年も前に別れてしまったけれど、知床、根室、霧多布なんて地名を聞くだけで、風景が目に浮かび、思い出だけで私は生きられる、と思う。

【原生花園あやめヶ原】北海道厚岸郡厚岸町広末321☎0153・52・3131
【ホテル地の涯】北海道斜里郡斜里町岩尾別温泉☎0152・24・2331

朝霧たなびく由布院で映画ざんまい　【大分県・由布院】

夏は涼しい所がいい。

そうは思うけれど、大分は由布院で、映画を見続けるのもいい。

町の名前は湯布院町、これは湯の手と由布院が合併したから。温泉の名は由布院。きれいな音である。その名に恥じぬきれいな町である。

いつのころからか由布院は女性の憧れの観光地となった。いや〝隠れ家リゾート〟の草分けかもしれない。それまで温泉場といえば、男が集団で憂さ晴らしするところで、宴会でドンチャン騒ぎ、芸者さんを呼び、浴衣掛けで町のストリップ劇場へ出かけるというようなのがお決まりだった。

われら女はたいてい置いてきぼり、行ったところで冷めた宴会料理に、男湯に比べてこんな小さな女湯って何なの、と腹が立つのであった。あるとき由布院がグラビアに登場すると女たちは目を見はった。由布岳の美しい山なみ。盆地に朝霧が立つ。静かな水をたたえる金鱗湖《きんりんこ》。下ん湯などの共同湯。個人客を大事にする小ぶりな宿。そしてバロック音楽流れる喫茶店。

山あいのいで湯由布院は、いまや年間四百万人近い観光客が訪れることになった。私も数回訪れたが、やはり泊まってみてほしい。〝憧れの由布院〟をコースに入れたバスツアーは多いのだが、ほんの一〜二時間、由布院に立ち寄るだけ。民芸村を見て、土産物を買ったらおしまい。なんだ夏の軽井沢か清里じゃないか、と混雑の印象ばかりが残る。

ちょっと手間はかかるが、ひとりで、あるいは友人と別府からバスに乗る。山を越えて、盆地が見えてきたときのうれしさ。温泉の煙が山あいに上がっている。あるいは福岡から〝ゆふいんの森号〟の列車でもいい。磯崎新氏設計の、小さくて印象的な黒い駅舎に着く楽しさ。

由布院には一泊数万円の名旅館もあるが、一万円台でもいい宿はあるし、ペンションや民宿もある。数十年近い〝町づくり〟の運動がきいて、集団力ともいうべきか、宿の施設も食事もレベルが高いように思う。仲居さんも店の主人や町の人も親切だ。

「映画館ひとつない町、しかしそこに映画はある」というキャッチフレーズのもと、毎年八月に開かれる映画祭。私が行った年は、『全身小説家』をひっさげて来た原一男監督、女優の薬師丸ひろ子さんらをゲストに迎え、ファンで埋まっていた。その年は相米慎二監督の特集で、「夏の庭」などひとりの監督作品をじっくり見られたのもうれしい。『手筒』という花火の記録映画も素晴らしかった。

夜は場所を移し連夜のパーティー。酒を酌みかわしながら映画について語りあう。四年前からは五月末に文化記録映画祭も始まった。人々のたのしいさんざめきを聞きながら、あい間に温泉につかり、野道を歩き、受難のキリシタンの墓をたずね、熱いコーヒーを飲む。その時間のなんという静かさ、ぜいたくさ。

とりわけ「由布院美術館」の建物は女性建築家・富田玲子さんによる、なんとも心あたたまる、くつろげる建物だ。放浪の詩人・画家佐藤渓に思いを寄せてつくられたこの美術館は、私は大好き。

もし車があるならば、由布院周辺には、国東《くにさき》、臼杵《うすき》、杵築《きつき》、日田《ひた》、竹田といった印象的な小さな町があるので足をのばしてみたい。いずれも石仏などの文化財や美しい町なみをもつ。とくに滝廉太郎の故郷、竹田の岡城はすばらしい。
山なみハイウェイを抜ければ、熊本の阿蘇があり、木を使った町おこしで有名な小国町《おぐにまち》や、黒川温泉までもひとっ走りである。

（由布院美術館は残念なことに閉鎖、取りこわし、文化記録映画祭も二十年で区切りとなった）

【湯布院温泉観光協会】大分県由布市湯布院町川北4－1　☎0977・85・4464

秋は日本海を見に行こう【山形県・鶴岡】

秋になると日本海が見たくなる。

山形に藤沢周平文学のあとをたどりたい、とひとまわり若い友人のYがいい出した。往復飛行機を使って温泉に泊まって三万円台ですって。

心が動いた。母の養父母の故郷であり、その墓がある。子供のころから家には同郷の人がよく来たし、夏になるとかの地から枝豆やびわが送られてきた。もう子どものころの墓参り以来、三十年以上たずねていない。

朝一便で行くと庄内空港に八時半、鶴岡駅前には九時にいた。ガイドブックは持たず。駅の観光案内所が開くのを待ち、地図ひとつもらって歩き出す。

日吉神社という所に「珍しや山をいで羽の初茄子び」という芭蕉の句碑があった。そうか庄内は芭蕉ゆかりの地でもある。もう少し行くと芭蕉の滞在した長山重行《ながやまじゅうこう》の邸あと。町並はだんだん由緒ありげになり、豪商風間家の住宅丙申堂《へいしんどう》を見る。明治二十九年の建物で国の有形登録文化財。店の部分から長く続く石畳の「とおり」、石置屋根がすばらしい。

その近くに鶴岡カトリック教会（重文）や、作家丸谷才一氏の生家丸谷病院を見つけた。鶴ケ岡城趾に近づく。庄内藩は徳川四天王のひとり酒井忠次の孫に当たる三代忠勝から、酒井家が明治維新までずっと治めていた。十四万石の城下町である。

城趾は公園となって、重要文化財の田麦俣《たむぎまた》の兜造り民家や、明治十四年の洋風の旧西田川郡役所などが移築されている。旅に出て、なにより建物を見るのが好きだ。どんな人がどんなふうにここで暮らし、ここで働いていたのだろう。想像するのが楽しい。門前の小僧なみに習わぬ建築様式も覚えた。

お城の周辺にはこれも大正三年築の洋館大宝館《たいほうかん》があり、高山樗牛《たかやまちょぎゅう》、女性作家田沢稲舟《たざわいなぶね》、赤木由子《あかぎよしこ》、満州国をつくった石原莞爾《いしはらかんじ》などがゆかりの人であると知った。反対側に庄内藩校の致道館《ちどうかん》がある。藩を強化するためによくもまあ、こんなに勉強させたものだ。

いやいや、藤沢周平のあとをたずねるのだった。昭和二年鶴岡生まれの藤沢周平は山形師範を出て小学校の先生をつとめ、のち作家となった。海坂《うなさか》藩という架空の藩を舞台に、武士というサラリーマンの哀しみを多く描き出した。

たとえば『義民が駆ける』。天保十一年、老中水野忠邦が荘内を長岡七万石に、長岡を川越十五万石に、川越を荘内十四万八千石に、転封する「三方国替え」を打ち出す。荘内藩主酒井忠器《ただかた》は天保の凶作で領民に一人の餓死者も出さなかった。

理由なきままに善政の藩主に去られるのはいやだ、と百姓たちは江戸に向かい、直訴する。死を賭けた行動は江戸の人々の心をも動かし、「荘内公は良き百姓を持って幸せ」といわれ、ついに転封の沙汰は撤回。大督寺《だいとくじ》にはその展示があった。

かと思うとその並びの総穏寺《そうおんじ》には『又蔵の火』の仇討ちの銅像がある。小説にも出てくる双葉町の旧遊郭跡をふらふらしていると、偶然に母の養家の菩提寺明伝寺の前に出、墓参りもできた。

夕べ、湯野浜温泉海辺のホテルで、屋上露天風呂から日本海をながめる。

翌日は足をのばして酒田へ。何度か大火にあったとはいえ、ここまた歴史と文化の宝庫である。「本間様にはおよびもないが、せめてなりたや殿様に」といわれた豪商本間家の美術館、川ぞいの山居《さんきょ》倉庫、廻船問屋鐙屋《あぶみや》、旧遊郭相馬樓《そうまろう》、写真家土門拳の記念館……。そしてたまたま入った料理屋のだだちゃ豆（枝豆）、どんがら汁、いくらうに丼と地酒「初孫」のうまさ。Yと女ふたり酔っ払って荘内空港にたどりつく。

一泊二日、気ままなよい旅だった。

【旧風間家住宅丙申堂】山形県鶴岡市馬場町1－17☎0235・22・0015
【鶴岡カトリック教会天主堂】山形県鶴岡市馬場町7－19☎0235・22・0292
【大宝館】山形県鶴岡市馬場町4－7☎0235・24・3266
【致道館】山形県鶴岡市馬場町11－45☎0235・23・4672
【旧鐙屋】山形県酒田市中町1－14－20☎0234・22・5001
【相馬楼】山形県酒田市日吉町1－2－20☎0234・21・2310
【土門拳記念館】山形県酒田市飯森山2－13☎0234・31・0028

沖縄は十月【沖縄県・読谷村】

沖縄は夏、という思い込みがあるが、十月に行くといい。

まず日焼けをそれほどしない。七月八月の沖縄で無防備に泳ぐと、あとが大変だ。私はTシャツを着て座間味《ざまみ》列島のさんご礁でシュノーケルをしたのはすばらしい体験だったが、足がはれあがり水ぶくれとなった。十月は大丈夫。

それに空いている。夏の混雑はない。

しかも十月の沖縄は十分夏の名残りがあり、海でも泳げる。

しかもしかも、旅費が安い。

一昨年の夏、それこそサミットのまっ最中に沖縄へ行ったら、繁忙期でチケットだけで往復七万近くした。こんどはどうにか安くあげたい。と見たら、読谷村《よみたん》のリゾート日航アリビラ三泊付で一部屋三人ならひとり六万円ほどである。ちなみにアリビラは正規に予約すると一室三万八千円もするホテルなのだ。

これは大当たりである。女友達二人をさそい、ゆっくり出発、那覇空港から無料のシャトルバスでホテルへ。アリビラはブセナテラス、カヌチャベイなどと並び評判がいいリゾートだ。

南欧風の明るいスタイルの、こじんまりした建物で、どの部屋も海に面し、中庭に広いテラスとプールがある。部屋はパンフレットで見ると派手すぎに思えたが、実際入ると、なかなかキュートで落ちついたインテリアだった。

何よりスタッフの応待がよく親切だ。説明はテキパキしているし、笑顔で「何かお探しですか」と話しかけてくれる。滞在中なにひとつイヤな目にあわなかった。こういうことは珍しい。またこのホテルは環境保全型で排水を海にそのまま流さず、自主浄化しているそうだ。

というと誉めすぎだが、以上、自費で泊まっての感想。ホテルには若いカップルも、女友達のグループ、家族もいた。孫も連れたおばあちゃんもいて、「すっかり気に入ってねぇ、毎年二度来るの」ということで、私もじつは以後リピーターとなっている。

プールのほか、スパ、エステ、マッサージ、ゲームセンター、結婚式のできる教会があり、さまざまなマリンスポーツを提供している。

といっても私にさして目的はなく、プールで泳ぎ、部屋で本でも読んでいればそれでよい。和洋中ステーキと四つのレストランもある（昼は中華のバイキングがおすすめ）が、夜は町へ出て沖縄料理屋でソーキそばをすすり、二千円で食べ放題の屋台風焼肉屋へ行ったり、と濃い沖縄を楽しんでみた。

ひとつだけ目的は、「南の島牧場」で馬に乗ることである。NHK大河ドラマ『琉球の風』のセットを生かして、小さなテーマパーク「むら咲むら」ができている。白い石礁の琉球の家々が立ち並び染織やガラス工房で体験もできる。大きなテーマパークではないが、混んでいないのがよい。

その奥に若いスタッフが自力で建設した馬の牧場があって、障害をもつ人たちのホースセラピーも行っているが、一般のビジターでも乗れる。常足《なみあし》、そして速足《はやあし》。十五分ほど走るともう次の日は内股がパンパン。でもだんだん馴れていく。乗馬は姿勢をよくし、いつも使わない筋肉を使う。汗をかき、新陳代謝がよくなる。ダイエット効果もある、といいことづくめ。何より馬がかわいい。

降りて草を食べさせていると、アメリカ人の家族が来た。馬にいろいろ話しかける。聞けば、うちでも馬を飼っているというのでびっくり。どんな広い家なのだろう。

読谷村にはこのほか、民宿もあるし、ゴルフ場も、夕陽の美しい岬も、有名な稲嶺ガラス工房も、やちむんの里北窯《きたがま》も花織《はなおり》という織物も、沖縄戦の悲しい戦跡も、もちろん基地もある。

三日四日いてもぜんぜん飽きない。

（「南の島牧場」は現在「よみたん自然学校」という名で活動を継続中）

【ホテル日航アリビラ】沖縄県中頭郡読谷村字儀間600☎098・982・9111

【むら咲むら】沖縄県中頭郡読谷村字高志保1020-1☎098・958・1111

【よみたん自然学校】沖縄県中頭郡読谷村高志保1020☎098・958・7767

沖縄にて

福島　山あいの濁り湯　【福島県・高湯温泉】

日本に生まれて良かった、と心から思うのは、ひなびた山あいのいで湯で露天風呂に入るときだ。

だけどわざわざ温泉につかりに行くことはまずない。それほど暇がないもので。秋の一日、福島市で話をした。次の日は仙台で仕事がある。福島は空襲で焼けたわけでもないのに、あまり古い町並や建物は残っていない。それでタクシーで二十分ほどの高湯《たかゆ》温泉玉子湯《おんせんたまごゆ》旅館に泊まることにした。

つきあい酒にほどよくつきあって八時ごろ玉子湯へ着く。タクシーの運転手さんは心得て、カーブをゆっくり回ってくれたので酔わずにすんだ。思ったより大きな立派な宿だった。夕食はすませたので部屋に布団が敷いてある。

まずお茶を一杯、そしていそいそと浴衣に着替え、かやぶきの湯小屋へ行く。ランプがともる。木の棚に木の湯舟、それが硫黄で白くなっている。なんとほどよい距離の別天地。

ここの湯は硫黄泉で強いのでひとりで入らないで下さい、と書いてある、湯あたりで気分が悪くなる客もあったという。大丈夫、先客がいた。

「お父さんと来たのよ。私は八十三だけど」。結婚何年目ですかというと三十七年目。おや、四十半ばで伴侶をみつけたというわけか。うらやましい。

「さびしかったら下から手を出すと男湯の人と握手できるよ。きのうはおとうさんの手を握ってたの」

はー、ごちそうさま。「あなた女ひとりで来てさびしくないの」。ええ、ひとりが好きなもので。「やることないじゃない」。いやいやボーッとして本読んで。

十時にマッサージさんが来てくれる。「学生時代は東京の白山に住んでその近くの大学に通っていました」というので驚く。それいま私の住んでいるとこです、というとなつかしいと張りきって揉んでくれる。「あれから眼を悪くしましてね。お客さん、肩も腰もパンパンですね。スポーツなすってたでしょう。骨と筋肉はしっかりしてる」。はい、水泳やってました。「続けたほうがいいです、泳ぎましょう泳ぎましょう」。忙しくて運動不足で太っちゃって。「いや、メリハリのあるいい体してますよ」。

こんこんと眠った。眼が覚めると窓の向こうに緑の松林と滝が見える。

一番風呂に入ってこよう。きのうとは別の露天風呂が女湯になっていた。

これまたすばらしい。石の湯舟に木の枠。なんだかバリ島に来たみたい。その向こうにまたふたつ、広々した露天があり、なんともいえぬコバルトブルーの濁り湯にさざ波が立っている。聞くともなしに話が耳に入る。

「うちは茨城の海沿いなんで、あっちはいい温泉がなくてね。魚はおいしいんだけど」「私はツアーで三泊目。友だちときておしゃべりしてるから退屈しないわ」。女の人が何人かこっちへ来た。「向こうで撮影やってるわよ。あんなやせこけた女の子撮影して何が面白いのかしら」「私たちのほうが豊満でいいよね」とみんな爆笑。それぞれが子どもにしゃぶらせた、たわわなオッパイを持っていた。

長湯の疲れが出て布団でうつらうつらしていると、布団を上げに来たおじさんが、「お帰りまでそのまま敷いときますね」と出ていった。

これはいい宿だ。宿の都合より客を優先している。八時すぎ、仲居さんが朝食を並べていった。「よくお休みになれましたか。きのうはずい分お疲れみたいでしたものね」。いや、本当にいいお湯です。「そうなんですよ。みなさん喜んで下さって、私幸せです。ここは主人も女将もいい人でね、お客様から頂くお菓子も従業員にみんな頒けてくださるし」なるほどギスギスしてない。経営者のおっとりした姿勢が働く人に反映して、久しぶりに気分のいい宿だった。

【吾妻高湯観光協会】福島県福島市町庭坂字高湯25☎0 2 4・5 9 1・1 1 2 5
【玉子湯旅館】福島県福島市町庭坂字高湯7☎0 2 4・5 9 1・1 1 7 1

忍者の里・伊賀上野　【三重県・伊賀上野】

いまや日本中どこでも、飛行機で一時間か一時間半で行けてしまう。こうなるとかえって時間のかかるところに行きたくなる。

東京から大阪まで三時間、そこから近鉄に乗り換え、大和八木と伊賀神戸とさらに二回乗り換え、最後は一両の小さな電車でトコトコと走り、伊賀上野市に着く。駅舎は大正時代の洋館である。

上野といえば、伊賀忍者と松尾芭蕉である。この両者は関係があるのだろうか。一説には「奥の細道」の旅も隠密道中ではなかったか、という。それはともかく主眼は町をブラブラ歩くこと。

上野の城主、藤堂高虎の邸《やしき》は江戸のはじめ東京の上野の山に藩邸があった。ために東京の上野の地名は伊賀上野に由来するという説もあるが俗説らしい。ともかく藤堂高虎は築城と町づくりの名手で、町のまん中に日本一高い石垣の城がそびえていた。この城は昭和十年の再建ではあるが、コンクリートでなく木造で復元されている。町も高台にあって四百年、大きな火事や地震、空襲に見舞われたことがないらしい。

城を中心に町が広がる。外敵の侵入を防ぐためか、枡形《ますがた》といって道がぎくしゃく曲がりくねっている。その両側の家は、武家屋敷あり、狭間《さま》窓、しっくい塗りの商家あり。江戸時代がそのままに残っている。

町を歩きに歩く。小さな町だから何度も同じ所に出た。人口六万二千人、増えもしない、減りもしない。というのはよほど安定したいい町なのだ。買物は町の中でする。だから商家が廃れない。野菜や花は近隣の農家がトラックで運んできて道端で売る。行商のおばちゃんがいった。「町の人のほうが心がきれいな気がする。田舎は人のやることなすこと、いろいろケチつけてうらやましがるから」

芭蕉の生家を見学した。正保元（一六四四）年、ここに生まれた芭蕉は幼少より藤堂藩伊賀村の侍大将藤堂新七郎に仕え、当主蟬吟《せんぎん》とともに俳諧を学んだが、主の没後京都へ、さらに江戸へと出て俳諧師となり、一生を旅に暮らす。

「月日は百代の過客にして、行きかふ年も又旅人なり」。

ほとんど家にとどまらなかった芭蕉が二十九歳のときはじめて句集「貝おほひ」を執筆したのが、この生家の釣月軒《ちょうげつけん》である。このほか芭蕉が好んだ草庵蓑虫庵《みのむしあん》には「古池や蛙とびこむ水の音」の句碑もある。

この町で面白いのは、最近、「伊賀まちかど博物館」と称し、多くの市民が自分の店や家を公開していること。何も巨費をかけて立派な公共博物館を建てるだけが能じゃない。町かどの、かわいらしい家々が、精いっぱいその家の歴史のつまった自慢の品をくり広げる。

「説明していると昔のことが思い出されてなつかしくうれしい」という。伊賀焼、一閑張《いっかんばり》、組紐といった伊賀の伝統工芸の工房があり、実演が見られ、体験もできる。

銭湯一乃湯は大正時代のどっしりした建物そのものが博物館になっている。養肝漬《ようかんづけ》宮崎屋は、慶応元年創業。うりの中に野菜を刻んでつめ、醬油につけたもので、山の中の盆地上野での保存食だった。もひとつ、鎌田という昔ながらの「かたやき」がある。小麦粉と山芋と砂糖をまぜてじっくり鉄板で焼いただけだが、なんとも香ばしい。これも栄養豊かな忍者の携帯食だという。これがみな博物館となっていた。

一日、ぶらぶら歩いて、夜は伊賀牛を食べよう。前に伊勢の松坂で超豪華有名店に入ったが、それほどでも。今回はなにげないたたずまいの焼肉屋に入る。湯びきのミノ、ハラミ、レバーの刺身、プリプリと新鮮で幸福な気分になった。その超高級有名店のために朝つぶした牛のモツを使っているそうだった。

【芭蕉翁生家】三重県伊賀市上野赤坂町304☎0595・24・2711
【蓑虫庵】三重県伊賀市上野西日南町1820☎0595・23・8921
【養肝漬宮崎屋】三重県伊賀市上野中町3017☎0595・21・5544

京都、雪降る路地をさまよう【京都府・北野天満宮】

久しぶりに雑誌の取材で冬の京都をたずねた。

毎月二十五日は北野天神の境内で古着や骨董の市が立つ。最近はもう掘出し物はない、と玄人筋の友人にいわれながら、風花舞う冬の京都を歩いた。

天神さんは大変な人出で、なぜか舞妓さんの衣装のひとが多くいた。日本髪に衿足をきゅっと抜き、白く塗りこんでいるのに、比叡おろしが容赦なくふきつけ、霰まで降ってくる。こちらも写真撮影の間、立っているだけでもつらいほど寒かった。

そういえば、しんと底びえする京都に三昔前旅をしたことを思い出す。私は高校一年生まで、寺社や古美術に憧れていた。懐も寒く、新幹線に乗る余裕はなく、普通座席の夜行列車で眠れぬ夜をすごした。一夜明けて京都。『徒然草』にある「仇野《あだしの》の露、鳥辺山《とりべやま》の煙」

の一節に魅かれ、まず清水寺近くの墓のある丘を昇っていったとき、雲間から朝日がパアーッと射した。

まだ京都は市電が通っていて、古い町家がつづいていた。東山ユースホテルに泊まり、毎日、白味噌の雑煮が出て閉口した。といって外でご馳走を食べるお金はなくて、たいてい昼は公園のベンチでパンを牛乳で飲み下し、夜はうどんか、高瀬川のほとりにある「珍竹林」という雑炊屋で食べた。貧しい旅こそ深く心に残る。

大学に入った秋、友人たちと鞍馬の火祭りを見に行ったことがある。朝早く東京を発ち、同志社大学の煉瓦の建物を見、哲学の道を歩いて、イノダコーヒーへ寄った。このときは寺社詣でというより、今西錦司、桑原武夫、梅棹忠夫、吉川幸次郎、といった京大の先生の本に憧れていたから、〝学の都〟京都を求めて歩いたのだと思う。それから鞍馬山で勇壮な火祭りを見た。丸太を担ぎ、松明をともして山を降りる男たちを見た。

祭り果ててのち、まっ暗な京都の町に降りてきて「花筏」という小さな宿に泊まった。有名旅館以外に、一見《いちげん》さんでは泊まれないそんな小さな宿が京にあちこちあることを知った。低い軒をつらね、格子のはまった家に、ほうっと灯る軒行灯《あんどん》。招じ入れられ、廊下をひたひた歩いていくつも折れ曲がった。部屋に案内されると、私たち四人のため、女将はわざわざ、あでやかな模様の浴衣を用意してくれていた。

「お疲れでっしゃろ、お風呂も沸いてますえ」

翌朝の朝食の漬物がおいしかった。

今回の取材に同行してくれたカメラマンの坂本真典《まさふみ》さんは平凡社「太陽」で三十五年写真を撮ってきた方である。この高雅な趣味の雑誌はついに終刊を迎えたが、その昔、社の羽ぶりがよかったころは、京都に居つづけ一カ月取材なんて贅沢があったそうだ。それだけに京都を知りつくしている。

「きさらぎ、とか高瀬という、やっぱりそんな小さな宿に泊まったよ。親切でね。夜はいつまでも起きて待っていてくれて、朝は宿の人と家族みたいにいっしょの食卓をかこんだ」

バブルがはじけ、京都の町家は壊され、京都ホテルや駅は高層化し、マンションが増えた。それでも祇園新橋や石塀小路、まだまだ美しい町並がある。

仕事を終えた夜、私たちは先斗町《ぽんとちょう》を抜け、日曜日なのでいくつものあてにした店に振られ、あいていた「喜幸《きいこ》」の清々しいカウンターで、おいしい豆腐とぐじや関さばの刺身にありついた。「さぎ知らず」とあるのはご主人が昆虫の網で鴨川ですくってくる小魚である。からあげにするとめっぽううまい。京都で地場の魚を味わえるなんて。酒は土佐の「酔鯨」。

それから高瀬川を見晴らすおしゃれなバーで杯を傾け、雪の降る小路をよろよろ折れ曲がって、路地奥の別の古いバーへ行った。古いレジスターがあり、古いジャズがかかっている。京都は奥が深い。神社仏閣めぐり、修学旅行じゃない京都がまだまだありそうだ。また来てみようと思う。

次の日、高瀬川の浅瀬にまっ白いサギを見かけた。

【北野天満宮】京都府京都市上京区馬喰町北野天満宮社務所☎075・461・0005
【珍竹林】京都府京都市下京区西木屋町通四条下る船頭町237☎075・351・9205
【喜幸】京都府京都市下京区西木屋町通四条下る船頭町202☎075・351・7856

京都にて

唐津で悲恋の唄に酔う　【佐賀県・唐津】

九州というと私は大分、別府、臼杵、由布院へはよく行くのだが、他はあまり知らない。このたび、東京駅や日本銀行を設計した辰野金吾《たつのきんご》と慶応大学図書館や小笠原伯爵邸を設計した曽祢達蔵《そねたつぞう》、明治の二人の偉大な建築家のあとをたずねて、佐賀の唐津へ赴いた。二人とも唐津の出身なのである。

青い玄海灘沿いに虹の松原の広がる、すばらしい城下町だ。鏡山という山の上から町を一望する。洲の突端に唐津城が見える。六万石ほどの藩で、九州を治めるため、幕府の手腕ある者を城主においた。大久保、松平、土井、水野、そして小笠原。水野とは天保の改革を断行した水野越前守忠邦であり、小笠原は浦賀に来たペリーと交渉した小笠原壱岐守長行《ながみち》である。

山を降り、こんどは城へ上がってみると、城主たちの書状や触書、槍や甲冑などの展示があった。中に隠れキリシタンの資料があり、焼物の糸底や刀のつばが十字になっているもの、キリスト教徒に見立てた七福神（弁天様がマリア）など興味を引いた。ここにもこっそりと信ずる者がいたのである。

焼物といえば唐津焼。土物系の陶器で、藩の産業として盛んであった。いまも中里太郎右衛門家を始め、伝統ある窯が多い。近くの有田は伊万里焼という磁器のふるさとで、この二つの土地を訪ねれば、日本の陶磁器の歴史がおぼろげながら見えてくる。

唐津焼とならんで有名なのが唐津くんち。十一月の初めに行われる勇壮な祭で、町ごとに大胆かつユーモラス、一閑張りの人形をのせた曳山をひいて盛り上がる。盆や正月は帰らなくとも、くんちには帰る唐津っ子が多いという。その曳山の展示場も見応えがある。

車を走らせて呼子《よぶこ》という海沿いの町へイカを食べに行く。海辺に生簀をもつ店がいくつかあり、まだ静脈がピカピカまたたいている透明なイカを刺身で味わったあと、下足は天プラにしてもらう。これまたプリプリして大満足である。

唐津に注ぐ松浦川。思い出す伝説があった。万葉集で山上憶良《やまのうえのおくら》が歌っている。

松浦縣佐用比賣《ひめ》の子が頒布《ひれ》振りし
山の名のみや聞きつつ居らむ

その昔、六世紀の半ば、大伴金村の子狭手彦《さでひこ》は救援軍を率いて任那に向かい、高句麗と闘って百済を救った。朝鮮半島に渡る港、肥前の国松浦まで来て、土地の長者佐用姫に出会って恋に落ち、浅からぬ契りを重ねた。

出征する狭手彦を送り、佐用姫は鏡山の上から肩にわけた領布《ひれ》をちぎれるほど振り、恋する男を追って走った。が、ついに船は海のかなたに消え、佐用姫は悲しみのあまり、川に入って死んだとも、石になったともいう。「恨《うら》みて肝を断ち、黯《い》然《た》みて魂を銷《け》つ」と万葉の書きは簡潔で強い。こういう悲恋の話、大好き。

松浦河河の瀬光り年魚《あゆ》釣ると
立たせる妹が裳の裾ぬれぬ

山の上憶良に和して誰かが詠んだ歌もいい。

海原の沖行く船を帰れとか
領布振らしけむ松浦佐用比賣
行く船を振り留み兼ねいかばかり
悲しくありけむ松浦佐用比賣

ひとつの恋に触発され、同情して、昔の人は次々と詠みかけてゆく。その夜は私にはもったいないような旅館洋々閣に泊まった。中里隆さんのすばらしい器に盛られた料理を味わい、地酒を飲みながら、心に古《いにしえ》の歌が次々と湧き上がった。いい旅である。

【曳山展示場】佐賀県唐津市西城内6－33☎0955・73・4361
【洋々閣】佐賀県唐津市東唐津2－4－40☎0955・72・7181

大阪食い倒れ旅行　【大阪府・通天閣】

ビジネスならいざしらず、観光で大阪なんか行くのは馬鹿げている。大体あそこは大阪城と通天閣しかないじゃないか。

長らくそう考えてきた。ところが昨年、若い女友達が大阪へ一泊二日食い倒れツアーに行こうという。これがやみつきのはじまり。

午前中の新幹線に乗り、昼すぎ新大阪へ。大阪はキタとミナミの地理感覚さえ把握すればあとはどうにかなる。とりあえずミナミの通天閣のそばにある「スパワールド世界の大温泉」に宿泊を決めた。荷物を置いてとび出す。まずはジャンジャン横丁の「八重勝」で土手焼（牛すじの味噌煮込）と串カツをちょっとだけ。並びの将棋道場をながめたり、スマートボールをして遊ぶ。「そば更科」「グリル梵」など入ってみたい店が多い。

新世界は明治三十六年、第五回内国勧業博覧会が行われた跡地にできた、大阪きっての娯楽街である。ニューヨークのコニーアイランドとパリのエッフェル塔をゴチャマゼにして大阪らしい歓楽街をつくってみせた。ドイツ式噴泉浴場、イスラム風やアールデコ様式の劇場なども昔はあって栄えたらしい。エッフェル塔に模された初代通天閣は昭和十八年の火災で焼け、いまの通天閣は昭和三十一年に完成した。

坂本順治監督のファンなら『ビリケン』『どついたるねん』『王手』などの名作の舞台としてご存知だろう。新世界は決して怖いところではない。赤井英和みたいにちょっとおっちょこちょいで、だけど豪快なイイ男のいる町だ。エキストラで出演した顔も見かける。

メンバーが揃ったところで、私たちは鶴橋に焼き肉を食べに行った。「真一館」「アジヨシ」「空」といった有名店をはじめ数限りなくあるが、私たちは「吉田」に入った。キュウリ入り真露《じんろ》を飲み、キムチもどっさり食べて大満足。大食いのアマゾネス軍団は引きつづき、なんばのギョウザ屋「南平」で仕上げ。

夜はそれで終わりかと思いきや、スパワールドに戻り、世界の温泉を楽しむ。塩サウナだの中国式だの十二種類あって、ついでに台湾式足裏マッサージもしてもらい、さらに水着に着替えて屋上プールで泳ぎ、もうくたくた。六畳二間に九人で寝たが、ルームチャージ制なので人数で割ると安かった。

翌朝、ジャンジャン横丁の立ち飲み屋で一杯。昼は「風月」でモダン焼き。さらに午後はキタに近い天神橋筋商店街を散歩して、奴寿司で「まいど」「おおきに」といわれつつ「江戸前」寿司の皿をつみ上げる。遊び倒し食い倒れ、その感動さめやらない。

大阪で高くてまずいのは論外、高くておいしいとこは行くもんやない、安くてうまくて当たり前、安くてまずい店はそうない。たとえばタコ焼きは東京では八つで五百円したりするが、大阪では十個二百八十円、ときに一個八円なんてことがある。ラーメンも安い。洋食も安い。韓国料理は本場ものである。

それでついつい大阪通いが始まった。七千円くらいで泊まれるホテルがある。夜遊んだ分、朝はゆっくり起きて、天王寺や住吉大社にお参りに行ったり、中之島辺の近代建築をぼんやり眺めるのもいい。土日には中之島の東洋陶磁美術館で作品の解説がある。住友財閥が金に糸目をつけずに集めた、国宝を含む美しい陶磁器をゆっくり眺める。

新世界の通天閣歌謡劇場でナニワの歌姫を聞くもよし、吉本では三千円くらいで半日、漫才や芝居を楽しめる。先日、泊まったホテルのすぐ裏に国立文楽劇場があったので行ってみた。『勧進帳』の弁慶と義経のやりとりにドキドキし、心中ものの道行きに泣いた。大阪は私にとって都会のなかの「こころの湯」となりつつある。

【焼肉の吉田本店】大阪府大阪市天王寺区下味原町4-11☎06・6775・0158
【南平】大阪府大阪市中央区心斎橋筋2-3-5日宝ファインプラザ1F
☎06・6211・1332
【大阪市立東洋陶磁美術館】大阪府大阪市北区中之島1-1-26☎06・6223・0055

子規も漱石もつかった湯　【愛媛県・松山】

四国の松山へは何度か行った。空港から町が近いのがいい。町へ入ったら、
松山や　秋より高き　天守閣
と正岡子規の詠んだお城へ上がるのもいい。

「一六タルト」という名物があって、これがカステラに甘いあんを巻いている。なぜタルトというのかわからない。これより私は「労研まんじゅう」のほうが好き。ふうむ、妙なネーミングだ。労働問題研究会というようなカタい団体がアルバイトにヤワラカいものを売って活動費の足しにしたのではなかろうか。

珍しく市電の走る町である。市電に乗って道後温泉に行こう。

本館の建物は、国の重要文化財に指定されているのに、いまもたくさんの人が出入りし

て湯につかっている。まさに生きている重文。地下の石造りの湯に入るだけなら銭湯なみの値段。湯舟のまわりにみな長々と足を投げだし、お喋りしながらゆったりと体を洗っている。「ここでは髪は染められません」「服は洗われません」という言葉遣いがおもしろい。

旅人としては少し張り込んで、浴衣に着がえ、入ったあと階上の座敷でお茶を一服（菓子付）のほうがぜいたくな気分になる。ついでに、夏目漱石ゆかりの〝坊ちゃんの間〟ものぞいてみよう。といっても「坊ちゃん」では松山人はよく書かれてないので、かの地で漱石を誉めると待遇が悪いと聞いたことがある。

反対に正岡子規の悪口はいわないこと。句聖としてちょっと奉られすぎか。子規の門下、河東碧梧桐、高浜虚子、内藤鳴雪、みな松山の人。彼らの回想する子規はとてもやさしい。友だち思いなのだ。子規記念博物館は、この種の文化施設の中で充実度は全国一、二だろう。

小さいときから書くのが好き。仲間と回覧雑誌をこしらえた。ベースボールに夢中になり、自分の名前升《のぼる》とかけて野球《のボール》という号をつけた。といってもベースボールを野球と訳したのは別の人だという。子規は「野球の殿堂」入りもしている。

大学予備門に入り、漱石と親友になる。書くこと、句作は好きだったが、学校や試験は大嫌い。みごとに不登校児になって、いまの東大を中退。というか早くに喀血した子規は、自分の余命を悟り、学校なんか行ってる場合じゃない、と飛び出したのであろう。しかし三十代半ばで亡くなるまで、俳句と和歌の革新という二大事業をやりとげた。

ここから、冬でもうらうらとする天気の中を、四国八十八カ所第一番の石手寺《いしてじ》へ歩いていくのもよかろう。道後温泉前で地ビール「坊ちゃん」「マドンナ」などを味わうのも。町のあちこちに魚のうまい居酒屋がある。

宿でいえば、皇族の泊まる「ふなや」のほか「川吉別荘」「大和屋本館」と由緒ある旅館も多い。温泉周辺のビジネスホテルに投宿して、風呂は目の前、食事は町で、と遊び倒す手もある。

ここまで来たら足をのばしたい。とことことまず五十崎《いかざき》（内子町）へ。ここは小田川をはさんでの凧上げ大会で有名。凧の会館が見ごたえがある。ついでにここの喫茶店のうどんがおいしい。五十崎では亀岡酒造という知る人ぞ知る酒屋があって、「銀河鉄道」「秘蔵しずく酒」とフルーティなのからどっしりした酒まで造っている。ことに氷点冷蔵の「銀河鉄道」はお酒のシャーベットのようなおいしさ。

隣の内子町は日本の町並保存では西の雄である。はぜ油から作るろうそく製造で栄えた町で、重厚なうだつの家がずらりと並ぶ。ほどよく観光施設があり、ほどよく地域の名産、干し大根やそば粉や梅干、酢卵などを売っている。観光資源を活かしながら俗化もせず、一軒一軒に個性があって飽きない町並である。

坂東玉三郎丈が舞台に立つという木造の芝居小屋内子座も必見。最近では町並だけでなく棚田の風景を守る〝村並〟保存も手がけた。

〝村起こしより村残し〟の先頭をゆく町でもある。

【道後温泉本館】愛媛県松山市道後湯之町5－6☎089・921・5141
【松山市立子規記念博物館】愛媛県松山市道後公園1－30☎089・931・5566
【内子座】愛媛県喜多郡内子町内子2102☎0893・44・2840

道後温泉

温泉と山菜ときのこ　【秋田県・小安峡温泉】

残念ながら秋田をそう知らない。

最初に秋田に行ったのは角館で町並み保存の大会があったときではなかったか。

武家屋敷を歩き、近くの宿に泊まったのだが、そこで出たミズのおひたしはとんでもないうまさだった。

お酒を飲みながらどんぶり一杯、おかわりまでした覚えがある。

「あきたはうめーぞー」と友人のいうとおりだった。

その次は二月、受験の子を二人残して、雪見風呂の取材に乳頭温泉鶴の湯に行った。

雪のかまくらと、ご主人の笑顔と、きのこがいっぱいの山の芋鍋が忘れられない思い出となった。

私の若い女性の友人にはこの近辺の白濁湯に憧れている人が多い。「なんで？」と聞いたら、混浴でも見えないし、乳頭温泉は「オッパイガオオキクナルヨウナキガスル」というからかわいいではないか。

思い立って、南の端、小安峡《おやすきょう》へ出かけた。

私が畑をしている宮城県から小原、鎌先、遠刈田、秋保、作並、川渡、鳴子、鬼首、秋の宮といくつもの温泉を横目で見ながら走った。酒と旅の詩人若山牧水をもじれば、「温泉の果てない国を今日も旅行く」である。夕方四時ごろ、山峡の温泉元湯くらぶに到着。がまんしたかいがある。九十八度の透明な源泉があふれるほどである。「熱いので加水しています」という。とろりとした湯に身を任す。湯煙の向こうに山桜が満開だった。

どなたかの名言だが、湯に貴賤なし、である。温泉は自然の恵み、自然の側の事情と都合で温度も湯量も成分も決まってくる。

そのまま入ったら火傷したり、皮膚がかぶれる強い湯もある。むやみなかけ流し信仰は人間の側のわがままだ。

温泉のある国に生まれた幸せをありがたくおもう。

湯上がりの食膳は山菜づくし。コゴミのおひたし、ウド、竹の子、バッケ味噌、ギョウジャニンニクの卵とじ、ホンナにシドケ。この歯ざわり、このえぐみ、このほろ苦さ。「シドケ摘み湯がいて一杯しどけなき」なんて駄句ひとつ。山菜は土地によって呼び名が違い面白い。アサツキの酢みそ和えが出たが、土地ではヒロッコというそうで、「ヒロッコがネギに意見するかや」という言い回しがあるとか。目くそ鼻くそを笑うのたぐいかな。

土地の言葉や風習の話は、魚のつまみに最高だ。

朝、湯につかり、大噴湯を見に石段を下って行った。『大奮闘』みたいで面白い。岩の合間から間欠泉が沸き上がり、煙はもうもうと立ちこめ、清流は悠然と流れる。岩間に鳥が跳ぶ。ああおおとした草がしげる。

この国、見たことのない風景はまだまだある。

近くのやどや三平さんでほどけておしゃべりをしていると、おかみさんがきのこいっぱいの稲庭うどんを作ってくださった。うまし。

帰り、おなかいっぱいで車を走らせると、秋の宮温泉をまた通った。カラオケ「浮雲」の看板が気になり、立ち寄ることに。

私は林芙美子に興味があるが、彼女がパリ時代に思慕した建築家白井晟一《せいいち》がここの稲住温泉（現在は閉鎖中）の建物を建てたというこの旅館は昭和四十年ごろから時を止めたようであった。入り口のカウンターのデザインもうつくしい。スイスシャレーのような会議室、これに『浮雲』と林芙美子の名作の名がついているとすれば、白井の側にも呼応する感情があったといえるのではないか。山あいの露天風呂で、そんなことを考えてうっとりした。

せめて春と秋、一年に二度は秋田の湯につかりたいものである。

【乳頭温泉鶴の湯】秋田県仙北市田沢湖田沢字先達沢国有林50☎0187・46・2139
【小安峡温泉・湯の宿・元湯くらぶ】秋田県湯沢市皆瀬湯元100-1☎0183・47・5151
【やどや三平】秋田県湯沢市皆瀬小湯ノ上24-3☎0183・47・5440

美しいもので心休ませる　【静岡県・熱海】

初夏、仕事の合間をぬって、心の休息のように熱海へ向かった。

この前は区の保養所に仕事仲間といき、MOA美術館に寄ったのだった。そのときはなんと三人の母親が三人ずつの子連れ、とても美術品を鑑賞する雰囲気ではなく、文字通り寄っただけである。このたびは一人でゆっくり見られる、と思うと、それだけで車中から浮き浮きした。

ところで、私は〝芸術至上主義〟というのは苦手だ。絵や焼きものについてわかった風なことをいう趣味人はどうも信用できない。これはゆとりのない生活をしている私のひがみだろうか。要するに美術展にはなかなか行けず、〝通〟になるほどの暇がないのだ。

私はただ見るだけである。見た瞬間、目玉が喜ぶ。ああ、形が美しいな、色がきれいだな、それでいい。すぐれた美術品には全体から放射してくる磁力があり、その瞬間、負けた、と思う。すると喜びが心にひろがり、体が軽くやわらかくなったような気がする。

それくらいしか、いうことはない。いま目をつぶって、心をすまし、見たものを思い出す。まず目裏に浮かんでくるのは、尾形光琳の虎の水墨画で、見ているものに歩みよるような大胆な構図、チョンチョンと置かれたかわいい目、少々ひねて曲がったユーモラスな口元、すべて笑い出したくなるほど楽しかった。

同じ光琳の「寒山拾得図」の筆の勢い。何をしているのか、巻物に半分顔を隠し、隠逸《いんいつ》の人にしては人間味を感じさせる。しかし背中や足のしぐさはすっきりして迷いがない。右上に崖とぶら下がったつる草をちょっと描くだけで突然、直面に遠近法とトポス性を作り出してしまう。すごいなあ。

光琳の弟乾山とか、酒井抱一などは私の住む近くの根岸にいた人なので、人物的興味もあるが、作品と対峙しているとそんなことはどうでもよくなる。

次に浮かんでくるのは海北友松《かいほうゆうしょう》の「楼閣山水図屏風」ののびやかな画面。私は山水画というのはどうも苦手で、とくに文人画の「白髪三千丈」的に誇張された峨々たる山々や滝など、類型的で食傷する。隠棲や清貧のイデオロギーを押しつけられるようで叶わない。が、この海北友松の絵はお友だちの亀井茲矩《これのり》さんにプレゼントした経緯もあってか、画家が楽しんで描いているのが分かる。すっきりした単純な線だけれども、生きいき筆を踊らせているさまが目に浮かぶ。

淡いぼかしの山々と、建物や舟の濃い墨のコントラストが強い。それに金で温かさを添え、かすんだような日本の湿潤な気候まで表現してすばらしい。琵琶湖あたりの風景だろうか、左側の塔をもつ寺のやわらかさは、比叡山延暦寺というよりは、石山寺とか三井寺など、女性が籠りそうな寺に思える。離れてみるとなおよい。つくづく見あきない絵だ。

陶器の部屋にうつると、やはり一番の印象は野々村仁清《にんせい》の藤の茶壷である。実に破綻のないまろやかな形、藤の房が空中に浮くがごとく、いまを盛りのあでやかさだ。もう何もいうことはない。もう一度よくよく見よう。形、文様、技法と三拍子そろったこれだけの作品を作り上げる人間の能力というものにも畏れをいだいたが、それすら二次的なことに思える。ただただ美しい。

「これは国宝に指定された日本のやきものの五つのうちの一つです」と学芸員の藤浦さんがささやいた。そういえば、以前、石川県立美術館で見た雉子の香炉とこの藤の茶壺は国宝なのだと思い出した。

が、そんなことはどうでもよい。藤浦さん自身、「何世紀に、どこで出来たものか、作者はどんな人か、国宝なのか重文なのか、そんなことばかり聞く人が多いんですよ」と残念がる。私はのっけから、ほとんど解説文を読まないでいる。活字の仕事をしているせいか、美術館に来たときくらい字を見ないでいたい。

人間はどうして著名な作家のものや、国宝や重文といった権威づけにこだわるのだろう。私は人が誉めるベストセラーや賞をとった小説など、天邪鬼で読みたくなくなる方である。美術品も国宝とかいわれると、誰が決めたんだ、何ほどのもんじゃ、とむしろ反発してしまう。どうもいけない。これも反権威主義というスノビズムなのだろう。

国宝という概念は、明治三十年六月に成立した古社寺保存法の四条に出てくるという。

「社寺ノ建造物及宝物類ニシテ特ニ歴史ノ証証微又ハ美術ノ模範トナルヘキモノハ古社寺保存会ニ諮詢シ内務大臣ニ於テ特別保護建造物又ハ国宝ノ資格アルモノト定ムルコトヲ得」

とある。明治になって神仏分離廃仏毀釈の波の中、社寺の美術品は危機に瀕していた。仏像は焼き打ちにあい、絵画は売り払われ海外に流出した。興福寺の五重塔は二百五十円で売られた。寺ばかりではなく姫路城や名古屋城の金の鯱《しゃちほこ》もタダ同然に売られそうになった。

来日してこの実情を見、これは大変だ、とA・フェノロサは明治十七年から文部省の委託で古美術調査をはじめ、岡倉天心と千年未開の法隆寺夢殿の扉をあける。このころ伊藤博文宛といわれる手紙で、彼は「残り少ない国宝を散佚《さんいつ》から救う」計画に参加すると述べている。ここですでに国宝、ナショナル・トレジャーという言葉が使われたようだ。法律に先立つこと十年以上前。

うらやむべきはフェノロサや岡倉天心である。同時にすごいなあと思う。彼らは誰も価値判断をしていない美術品を見まくり、それを第一等とか二等とか格づけしたわけだから。谷中に日本美術院をひらき、馬で根岸あたりを乗り回した天心を追っているが、彼はいつも独創的に先頭を走った人だった。

ほかにも次々と印象深い優品を思い出す。仁清の「色絵金銀菱重茶碗」。思いっきり斬新なデザイン。赤と金と緑と黒の色が目に焼きついている。涼しげな郊壇窯の「青磁大壷」。中国・南宋時代のものというが、なんと神秘的な色だろう。釉と焼きの関係か、上の口辺はすこし紫味をおびているし、下の方は灰色味が深い。二重貫入のはりつめ方も、これはもう実物を見なくてはわからない美しさだ。

仏像のなかでは、隋時代の華奢な観音菩薩。これはほんの二十センチほどの高さだけれど、首かざりや光背《こうはい》の細部に引きつけられつつ、なおかつ、そんな小さなものと思えないほど自由に空間に広がっている。しなやかな仏さまで打たれた。どのような経緯で日本にいらしたものだろう。

息をつめて美術品を観たあと、暗い室内から解き放たれ、庭の光琳屋敷を見ると、これがまた楽しい。

　もともと建築は好きである。光琳屋敷は美術館の併設施設としてはけれんを云々する人もあろうが、一枚の絵図から、ここはこうであろう、そうではあるまい、と想像力でこれだけの建築をつくり上げるとは、愉快ではないか。その総監督が、かの分離派の鬼才、数寄屋や書院建築にも業績のあった堀口捨己《ほりぐちすてみ》とあっては見逃せない。

　結局、小半刻、この建物を探索して歩いた。いかにも京の町屋らしい土間、居室の絵の道具などを納めるのにも便利な物入れが下についた押板、明るく女性的な夫人の化粧部屋、豪放な客間、そこでの光琳の日常がホウフツとする。二階の画室は細長い部屋で、日本美術院で大観、春草、観山、武山が並んで絵絹《えぎぬ》をひろげた写真を思い出した。長方形なのは傍らで弟子が礬水《どうさ》をひいたり、墨をすったり手伝っていたのだろうか。光琳工房とでもこの部屋を名付けたくなる。

　最後に豊太閤の「黄金の茶室」を拝見。これが組み立て式で移動できるというのははじめて知った。ちょっと私の趣味じゃない。という気持ちが顔に出たのか、学芸員の藤浦さんが力説する。「桃山時代というのは金をよく用いた時代なんですよ。それに燭台のゆらめく焰の中でお点前といえばほのかに金箔が光り、渋くていいものだったと思いますね」すぐなるほど、と思うたちである。美意識は時代につれ変わる。そうかそうか。黄金の茶室は桃山時代の感性でみるべきなのかもしれない。などと素直にうなづいて、ＭＯＡ美術館をあとにした。

今日の熱海は晴、しかし海は暑さに湿り、霞んで見えなかった。

東京から一時間半の極楽【神奈川県・鎌倉】

江ノ電、と聞いただけでなつかしかった。

あの海沿いの、樹立ちの中をごとごと走る小さな電車。もうどのくらい乗ってないだろう。中学、高校のころ、古美術に夢中になり、手近な古都鎌倉を一人で歩き回った。この二十年は子育てと仕事に追われ、ちっとも足が向いていない。

晩秋のある日、十時に鎌倉駅で女友達と待ち合わせる。あいにくの雨模様。やっぱり熱いコーヒーをすすりたい、と駅前の「扉」に入る。鳩サブレーの店の二階だ。盛業の店の余裕か、上品な室内でコーヒーは銀のポットに入ってたっぷり運ばれてきた。

窓から見ていると駅からわらわらと人が出てはバスに乗っていく。鎌倉に通勤する人もいるんだな。さあ、わたしたちも出発。

五百八十円の一日フリーパス乗車券を買い、ホームに入る。短くて、木の椅子があって、かわいらしい。掲げられた「江ノ島電鉄路線案内」も昭和三十年代型の牧歌的なものだ。三両編成のグリーンの電車が来る。

乗り込んで一つ目の駅は和田塚、次が由比ヶ浜。駅員さんのライトブルーの制服もなにかなつかしいような。手に切符を入れる箱を持っていた。この二つの駅の間は三百メートルほどもない。由比ヶ浜で降り、「かいひん荘鎌倉」という看板が出ていたので行ってみる。何かの雑誌のグラビアで見て、一度泊まってみたいと思っていたので次回のためにチェック。もとは大正時代の洋館で、部屋で京懐石もいただけるという静かな小さな宿である。

そこから旧道に戻り、鎌倉文学館まで歩いた。しっとりとした和風の家並み。新築中の家には「風致地区内行為許可証」が貼ってある。鎌倉市は古都保存法により、環境を壊さないよう建設行為を指導しているらしい。

「招鶴洞《しょうかくどう》」という石のトンネルをくぐり、緑濃い道を上っていく。忽然と、いかにも英国風のハーフティンバーというのか、木組みを半分見せた洋館が現れる。手斧《ちょうな》の跡が荒々しく、ちょっと暗い雰囲気で『ジェーン・エア』や『嵐が丘』を思い出す。この建物は元は、加賀百万石の藩主だった旧前田侯爵家のもの。三島由紀夫『春の雪』の別荘のモデルともなった。

ここに鎌倉ゆかりの文学者ということで、大佛次郎、川端康成、里見弴、永井龍男などの資料が展示されている。川端の原稿の筆跡は受け取った編集者が喜ぶであろうほど明確だった。浅草「カジノ・フォリー」のプログラムが目をひく。しかし小島政二郎、真杉静枝など、一時の流行作家も読まれなくなるのは早い。「鎌倉文士」という言葉もいまや死語に近い。

その昔、由比ヶ浜は療養地だったようだ。明治十三年にお雇い外国人ベルツがこの地の清浄な空気に注目し、転地療養先として脚光をあびる。夏目漱石、陸羯南《くがかつなん》、大塚楠緒子《くすおこ》らが次々と来た。展示はややさみしいが、バルコニーから眼前に広がる海だけでも価値がある。木の椅子に座り、海を見てボンヤリする。

美男の大仏、伝説の観音さま

江ノ電に乗らず、旧道を鎌倉大仏まで歩く。途中の出し桁づくりの商家、カマボコ屋、路地にも魅かれる。

大仏様は小学校の遠足で来たことがある。背中から胎内に入れるというのが子ども心をワクワクさせた。いまではもう階段の上のほうは登れなくなっている。鎌倉時代の建長四（一二五二）年造、まるごと鋳造できるわけもなく、小片をつないでいったのがよくわかる。

かまくらやみほとけなれど釈迦牟尼は
美男におはす夏木立かな

与謝野晶子の歌。切れ長の目、通った鼻柱の美男は左頬に傷があって、ぐっと渋味を増している。

大仏の門前にはしゃれた食べ物屋が多い。庭の広い和風建築で中華もいいな、と華正楼に入る。お座敷中華というのも昔ふう。海の見える広い部屋へ通される。三千円でじつに充実したコース。前菜、鶏のカシューナッツ炒め、えびの塩味炒め、冬瓜のスープ、おこげのあんかけ、デザートまで、ふう、満腹。

午後から天気好転との予感どおり、雨も上がり、長谷寺まで歩く。こんなに立派なお寺だったかしら。十一月も末近いというのに、今年は暖かいのか、紅葉の見ごろである。小菊、サフラン、サザンカ、ツワブキが境内に乱れ咲く。びっしりかけられた絵馬には「元気な赤ちゃんが生まれますように」「女の子が欲しい」と子宝・安産の願かけばかり。中には「産んであげられずにゴメンネ」というのもある。

観音堂のご本尊、観音さまは、高さ九・一八メートル、養老五（七二一）年、楠の一本から二体をつくり、一つは奈良の長谷寺へ、もう一体は海に流したが、三浦海岸に漂着して、ここにまつられたという伝説がある。梵鐘は文永元（一二六四）年と古く、重要文化財に指定され、宝物館にある。「トレジャーホール」とか「ノー・カメラ・オブ・エニィ・カインド」とか、ここの案内板の英語は何となくユーモラス。

見晴らし台から海を眺めた。左手にのびるのは逗子。幸いなことに、まだビルが少ない。

瓦屋根のつづく中に、江ノ電がちらりと動く。もう一つ動くのは何かと思ったらリスだった。両足をちょこんとふんばって、尻尾をむやみと振って、人の顔を見上げると、ふいに竹林に消えた。

そこから極楽寺までは切通を抜ける。なかなかよい道。道を尋ねると鎌倉の人は親切だ。こんなに外から見学者が来て、さぞかし住民は迷惑だろうと思うのに、馴れているのか、寺町ならではの寛《ひろ》い心か、嫌がりもせず、丁寧に教えてくれ、「あいにくの天気ですねえ」「こっちが近道ですよ」とニッコリなさる。見習いたいものだ。

極楽寺は萱葺きの山門をもつ静かな寺。桜のころは人でにぎわうのだろうが、いまは残んの菊。執権北条泰時《やすとき》の弟重時《しげとき》が忍性《にんしょう》上人を開基として創建。上人はいまでいえば福祉の人で、貧者、病者を多く救った。その用いた石製の薬鉢などがある。本堂前のサルスベリにみとれていた。大きい。鎌倉の寺はどこも山を小脇にかかえているように見える。

ローマ風呂で芯からあたたまる

もう四時、あたりがシーンとして、晩秋の日は早くも落ちかける。極楽寺駅も起伏ある中に立つ趣深い駅だ。こんどはまっ赤な電車が来て、山を抜け、海沿いに走る。稲村ヶ崎、次は七里ヶ浜。そうだ海にさわらなくちゃ。

七里ヶ浜の駅舎はモダンで、ヨットのオブジェが付いていた。そこから海沿いの車の多い国道を避け、砂浜に出る。

♪七里ヶ浜の礒伝い
稲村ヶ崎、名将の
剣投ぜし古戦場

三十数年前の遠足で、バスガイドさんが朗唱してくれた歌が口をつく。新田義貞が北条高時を討つとき、士気を高めるため海に名剣を投じた、という故事の一番から、長谷《はせ》観音、大仏、由比ヶ浜、八幡宮、護良《もりなが》親王の石室、建長寺、円覚寺と鎌倉の名将古蹟をちりばめた、芳賀矢一作詞の文部省唱歌である。鎌倉在住の江藤淳さんが好まれたというが、短調の、少しかなしい歌だ。

海は凪いで、暗く、空はほんのり桃色がかり、水平線がきわだって見える。海水は思ったより温かい。ランニングする野球部の高校生たちとすれちがう。江ノ島が近そうで遠い。「あと少しだけど、また江ノ電に乗ろうか」。

鎌倉高校前の駅はホームから海が見える。壮快。足の長い制服姿の高校生がポケットに手をつっ込んで立っている。この駅で、ガールフレンドと待ち合わせることもあるのだろうか、と頬がゆるむ。少年少女の恋を傍観して楽しむようになっちゃオバサンも極まれり、だ。空が蒼味を増し、空と海のあわいが消え、やがて区別がつかなくなった。

こんどはイルカの描かれた青い車両が来て、乗り込む。車内は明るい。最終の目的地、江ノ島駅に到着。

実はここからが大変。橋というよりハシーという感じの長さを渡って、せっかくだからと江ノ島へ。

この島は信仰の島。岩本楼はその昔、岩本院といって江の島弁財天を司る別当寺であった。さてその次は江ノ島の岩本院の稚児上り、普段着慣れし振袖から、髷も島田に由比ヶ浜……という弁天小僧菊之助の有名なセリフは聞き慣れているが、いまは旅館となっていて、じっさいに訪れるのは初めて。

ここでローマ風呂なるものに特別、入れていただいた。タイル貼りの円形の洋風風呂をだいたいどこでもローマ風呂と呼ぶが、ここのは先日プラハで見たような、アールヌーボー様式である。入口ドアの孔雀とバラのステンドグラスがすばらしい。鏡にちりばめられた金、天井のモザイクガラス、なんとも繊細な風呂で、見とれていたらゆだってしまった。もう一つ、土牢を改装した洞窟風呂もあるという。

晩秋一日の冷えを芯からあたためて、仕上げはサザエのつぼ焼といきたい。が、島の灯は早く落ちて、また長い長い橋を戻り一軒灯った食堂へ。とくに名を秘すが、ここがすばらしかった。アジのたたき、カワハギの肝あえ、獲れたてのぷりぷりするシラス、サザエもももちろん。で、ビールビール。東京からこんなに近い極楽があっていいのだろうか。

江ノ電「鎌倉高校前駅」

東京下町　路地で暮らす　【東京都・谷根千地域】

庶民の庭は共同使用

かつて、一九九〇年代に三年ほどかけて東京の谷根千地域の路地を調査したことがある。その時、長屋の住人が「風呂？　風呂はそこに貸してある」と指差したのが面白かった。指の先には「鶴の湯」があった。そういえば私も震災前の狭い長屋の育ちだが、母たちは意気軒昂だった。「庭？　六義園に貸してあるから」「古河庭園はうちの庭よ」とかよく言っていたものだ。戦争で死なずに済み、結婚して子供も持てたのだから御の字だ。丸儲けだ。

このように下町の庶民にはレンタル、共同使用という考えが身についていた。

江戸時代の文字通り九尺二間の長屋で、庭など持ちようがない。しかし人が密集するところで生きることは息が詰まった。目が緑を恋しがった。それでみんな家の周りの隙間にいろんなものを植えた。その名残が、谷根千にはまだある。

私の子供のころ、東京の路地の緑というとヤツデとナンテンだった。どちらも潅木でそう大きく育たないのがいい。下見張り、瓦屋根の家にはよく似合った。数珠玉とおしろい花もよく見かけた。数珠玉の身の硬いのをとっては、中の蕊《しべ》を引き抜き、糸でつないでネックレスにした。

おしろい花の黒い種を割って中の白い粉をほおにこすりつけたりした。だからおしろい花というのである。サルジアやツツジは花の軸を吸うと甘い蜜の味がした。空き地に一面にタンポポが咲き乱れ、摘んで輪飾を編んだり、綿毛を飛ばすのも楽しみだったし、家の前に移植したりした。

入谷の朝顔市、浅草のほおづき市

路地の家で、植えているものを見れば、この家は竹が好き、この家は菊が好き、この家は盆栽の松が好き、クロッカスやマリーゴールドが好き、と住んでいる人の好き嫌いから、なんとなく人柄を想像したりする。

路地にひまわりやグラジオラスの大きな華は似合わない。洗濯物を見れば家族構成もわかるし、小さな三輪車でも出していれば、幼児のいる家庭だとわかる。

入谷の朝顔市、浅草のほおずき市、富士神社の草市などのころになると、下町は鉢植えや風鈴をつけた釣り忍《しのぶ》で飾られる。この三十年ほどは白山神社のあじさい祭りの後も、谷中大円寺の菊祭りの後も、町には鉢植えが増える。

食べられるものを植えることも多い。谷中の岡本文弥師匠の家の窓にはツルムラサキが這わせてあった。「ええ、ええ、これは鉄分が多くて、体にいいんですよ」と、師匠はおひたしにしてかつぶしをかけて召し上がっていたようである。

夏になると、朝顔を家の外に這わせるのは、見た目にも涼しいし、日よけにもなった。

このところは沖縄料理のゴーヤが人気で、グリーンカーテンなどと言われている。ゴーヤの葉はなかなかシャープでカッコよく、黄色い花は美しい。

これも北アフリカ原産といわれる、オクラとモロヘイヤも育てやすく、オクラの白い花の美しさは息をのむほどである。だけどオクラはほっておくと硬くなり、ゴーヤは熟しすぎると種が紫色になって、果肉の歯ごたえも無くなってしまう。

食べ物も薬も生えている

このように、下町の路地の緑は、見た目の美しさもあるが、実用的、ユースフルであることが大事だ。

豆腐屋の店先の発砲スチロールにふさふさとシソが茂っていたことがあった。「冷奴になさる時お使いください」とちぎるのは自由だった。なんと粋な豆腐屋さん。シソだって、スーパーで買えば、十枚で百円くらいはするのだもの。

あるうちには月桂樹（ローレル）がほんの少しの地面から生えている。これもいただいて乾かしておけば、シチューをつくるときなどに便利である。山椒は実生ではなかなか根付かない。私も何度かやっては枯らせてしまった。最後、東北に借りていたクラインガルテン（小さな農地）で、ようやく見事に育ったが、年限が来て畑を返すときには、みんな抜いて、現状復原しなくてはならなかった。

お役所は、元どおりにして返せというが、これは植物にとっては残酷な仕打ちだ。ドイツに行ったとき、たくさんのクラインガルテンを見たが、借主が変わるとき、市役所が中に立って、前の住人が植えた木やバラを一本いくらで次の借主に譲るのである。いいシステムだと思った。

というわけでせっかく根付いた山椒を東京のベランダに持ってきたら枯れてしまった。山椒は大好きで、実をとっては醬油漬けをつくったり、ちりめん山椒をつくったりする。これは山椒を持っている友達の家に取りに行く。

薬草として知られているものも路地には多い。スギナやヨモギはお茶にしてもいい。ヨモギといえば、子供のころ荒川土手に取りに行って、母とヨモギ餅をつくった楽しい思い出がある。裏が白い葉っぱを取って、乾かして潰して、餅と混ぜる。荒川土手にはツクシもたくさんあって、これもおひたしや油炒めがおいしかった。知人の庭には蕗《ふき》が密生していて、これも取りに行くと庭がきれいになると喜ばれた。

赤ん坊を育てているころ、乳腺炎ではれたときは、近所のおばさんが、ユキノシタの裏の薄い皮をはがして葉を貼るといいと教えてくれた。ユキノシタは事務所の塀際にどっさり生えており、やたらに皮をむいてはペタペタ貼ったものである。

路地にはアロエが生えていることも多い。これも虫刺されや、火傷の後に、もぎってぬるぬるした汁をつけると効くのだとか。こんな知恵を知っている人も少なくなった。

消えていく路地

下町の人間は「路地」という小さな環境を大切にしている。

そこには知らない人も入ってこないし、通り抜けもできない。子供がおままごとやビニールプールで遊んでいても、車も入ってこない。

路地の奥には大抵、井戸と火伏せの稲荷という火事除けの神様がいて、初午などもやったものである。井戸の周りは朝歯を磨き、顔を洗い、昼は洗濯物にも使い、そこでおしゃべりに花が咲いた。井戸端会議とはよく言ったものだ。

子どものころ水飢饉で東京の水がめ、小河内《おごうち》ダムが干上がった夏、水道から水は出なかったが、井戸水を汲んで助かった、ともよく聞く話である。冷蔵庫のないころは、井戸水でスイカやビールを冷やしたものだという。井戸もみんなの共有であった。

そういうひそやかな空間にいこいながら、それだけでは息苦しい。町の人は、谷中墓地、上野公園、不忍池、東大、小石川植物園などの大きな環境も大事にしている。谷中墓地にあった五重塔、不忍池が戦時中田んぼだったころのこと、上野の山に高射砲の陣地があったこと、動物園から逃げた黒豹の捕物帳、いろんなエピソードが語られる。

私も夏の朝、父に不忍池まで歩かされた。蓮の花は、開く時にぽんという音がするんだよ、と教わったが本当かどうか知らない。

私たちは狭い路地と大きな緑地を行ったり来たりして暮らしてきた。このところ路地は消え、空き地が多くできている。東京オリンピックを控えてか、また再開発のスピードは増したようだ。さらに大きな木が切られることも多い。新国立競技場を作るために、神宮外苑の樹木は千五百本以上切られたようだ。

木は生き物であって、緑の葉を揺らし、風のざわめきを伝え、季節になれば花が咲き、新緑の日ごとに色濃くなる美しさ、秋の紅葉の濃き薄き、暮らしを豊かにしてくれる。それが切られるのはなんというむごさであろう。

環境はすすんで守らなければ壊れてしまう。私は集合住宅のベランダで、レモングラス、ミント、スイートバジル、ローズマリーを育てるくらいしかしていないけど、それでも目を楽しませるに足る。そして、人のうちのモクレンや桜、ハナミズキを眺めてはいこっている。これもまたレンタルという考えで、心から持ち主に感謝するのである。

〔巻末付録〕

森まゆみの古寺めぐり

庶民の寺・善光寺でお数珠《じゅず》頂戴

宗派にこだわらない寺

高野山へ行ってすっかり宿坊のとりことなった私、次はどこへ。
「庶民の寺、善光寺などはいかがでしょうか」
とおっとり、いやうっとり姫の編集者Sさん。
おお「牛に引かれて善光寺参り」
というではないか。さっそく長野新幹線に乗る。
長野は門前町であり、県庁所在地だ。でも昔の長野駅はお寺の唐破風《からはふ》のような風格が
あったのに。新幹線の駅は仮設みたいだなあ。
高野山は山と寺院の中に町があり、ここは、長い坂道にそって門前町がつづく。

苅萱《かるかや》山西光寺《さいこうじ》に寄る。

「父をたづねて三千里」の苅萱上人と石童丸《いしどうまる》親子のゆかりの地。あれ、玉垣に並ぶ字は見覚えのある守田宝丹《もりたほうたん》。東京上野の薬舗の主人で、畸人として知られ、風変わりな書を書いて珍重された。よく見ると楽善堂岸田吟香《きしだぎんこう》、葡萄酒神谷伝兵衛《かみやでんべえ》、実母散喜谷一郎右衛門《じつぼさんきたにいちろうえもん》などの有名な名もある。

「薬関係の講中でしょう。昔はそういう信心深い方々が東京の方にもいらっしゃった。昔、北国街道を歩いてきて、犀《さい》川の渡しを渡るともう人家はない。西光寺があり、善光寺が見えました。

父を探す石童丸の話は、なんともさびしい親子の情を示すもので、日本人の心を打つ物語ですね。親子の名乗りをあげられない方は今もいらっしゃる。そういう方がお詣りにみえます」

と和尚様。

いま善光寺門前は蔵づくりの家が軒を並べる。そば屋、おやき、栗ソフトクリーム、帽子屋、味噌屋、……善光寺まであと二千三十二歩。道に白樺の木でできたオブジェや、木彫りのクマがやさしげだ。

この辺りに詳しい大丸そばの藤井壽人《ひさと》氏に聞く。

「うちは本家の造り酒屋吉野屋が十八代目、元禄、赤穂浪士事件の年に分家しまして私で八代目です。前の藤屋旅館や並びの五明館もみんな親戚ですわ」

というのでびっくり。

「善光寺のご本尊は百済の聖明王から贈られ、それを本田善光《よしみつ》が難波から背負って麻績《おみ》の里（＝現在の長野県飯田市）へ移し、皇極元年（六四二）、いまの地に草堂をつくったといわれています。それで善光寺といいます。一宗一派にこだわることなく、ことに女性の信仰をあつめました。ご本尊一光三尊阿弥陀如来は秘仏で、七年に一度、本尊の分身仏に当る前立《まえだち》本尊《ほんぞん》のご開帳があります。ついこないだ終わったばかり。ご開帳の間はここらへん押すな押すなで、境内に入るのに一時間、前立本尊と糸でつないだ回向柱《えこうばしら》に触るのに一時間、本堂に入れない方も大勢いらして、やっと静けさを取り戻したところです」

以前は時宗もあったが、現在の善光寺は、天台宗と浄土宗の二つでお守りしている。天台宗のトップを貫主《かんす》、その居所を大勧進《だいかんじん》といい、塔頭《たっちゅう》は宿坊を営み院号がつく。一方、浄土宗のトップは上人《しょうにん》、日本で一人しかいない女性の尼《に》公《こう》で、代々、皇族や旧公家の女性がつとめる。居所を大本願《だいほんがん》といい、宿坊は坊号《ぼうごう》がつく。

「私どもではお屋敷、お上なんてお呼びしてますが、前の一条《いちじょう》智《ち》光《こう》さんは、六、七歳で来られてずっと深窓で育たれた。町で散歩だの買い物だの見かけたことはないですな。いまの方は鷹司《たかつかさ》誓玉《せいぎょく》上人。二十代でお見えになった。最近、またその後継の方が決まって門前一同ホッとしておるところです。明朝、お勤めに参加すればお姿を拝せますよ」

善光寺

戒壇めぐりで思うこと

そこから今日泊まる兄部坊《このこん》（ふしぎな名称だ）に荷物を預け、まずは境内の案内人の方をお願いする。

「はい、この敷石を見てください。並の敷石じゃない。これは正徳四年（一七一四）。江戸中橋の大竹屋平兵衛さんの寄進です。この方は伊勢の出身で、江戸で商人として成功したものの、一人息子が放蕩して家に帰らない。ある夜、泥棒が入ったので槍で突くとそれがわが子だった。平兵衛はかなしんで善光寺へお詣りするのですが、参道が泥んこなので、私財を投げうち敷石を敷いた。そしてわが子供養のため、道専という僧になってこの地で亡くなっております」

よく見ると整然としながら、石にピンクや紫のむらがあり、しっとりと美しい。

「この延命地蔵様のところが、宝永四年（一七〇七）まで本堂があったところですね。つまり今とちがう向きでした。善光寺は十一回も火災にあい、そのたびに善光寺聖《ひじり》と称する坊さんが全国を回って再建費用を勧進しました。そして火がかからないよう、門前はしっくいの塗壁、いわゆる土蔵づくりになっております」

名調子の解説に、お上りさん状態でハアーとため息。

「次は山門をよく見て下さい。『善光寺』の扁額、あれで三畳敷ございます。善光寺の三文字の中に鳩が五羽いますよ、わかりますか。そして善の字をよくごらん下さい。牛の顔をしています」

ハアーッ。山門をくぐるときもお話がつづく。

「これは重要文化財。この山門より本堂を見れば、その額縁の中に本堂がぴたりとおさまり、ふり返れば門の向こうに門前町が煙ります」

さていよいよ本堂。元禄十六年（一七〇三）起工、宝永四年完成。柳沢吉保《やなぎさわよしやす》の命により、慶運大僧正が浄財を集め、幕府御用達の甲良宗賀《こうらそうが》が図面をひき、伊勢、江戸、信濃の棟梁が足場をくみ、大工のべ十六万三千六百人がかかわったという。

「東大寺、三十三間堂につぐ、日本で三番目に大きい木造建築。縦に長く、奥でT字型になる撞木《しゅもく》造りという形。屋根は檜の皮をつかったいわゆる檜皮葺《ひわだぶき》。国宝です」

本堂に入ると、右手にびんずる尊者。参詣者が自分の痛いところをさすって何百年。肩や手のみならず目鼻は、まっ平ら。民衆の受苦を一身に背負っているように見える。

「ここまでを外陣、ここから先の柵のうちを内陣、お坊さま方が読経をあげる所が内々陣、その向こうにご本尊がおいでです」

右脇の廊を通り、正面に開山三御像といって本田善光、善佐《よしすけ》、弥生御前の家族。

「女性の像が寺に祀られているのは珍しい」

そこから段を降り戒壇めぐりをすることに。すなわち、本堂の下が全長三十五メートルの真暗な回廊となっており、手さぐりですすむと、あった。これが「極楽のお錠前」。これに触ることができると極楽往生できるという。

「いま何を思いました」

と聞かれ、「目の見えない方はいつもこんな気持ちで歩いているんだなと思いました」「往生する前ってこんな気持ちなのかなって」

と言うと、「両方、大事なことですね」とうなずく。

「この西南端の柱のキズ、これは弘化四年（一八四七）の有名な善光寺地震のさい、梁の鐘が落ちたときにできたもの。そのとき町民千四百人、旅人千人が亡くなっています」

「この本堂から降りる柱、これは基礎から少しねじれています。これは集めた材を乾かし足らずに作ったので長年の間に狂ったのですが、これも棟梁たちは承知の上、主要な柱が交互に右回り、左回りに少しずつ狂い、その力が打ち消しあって建物を支え、守るという絶妙な構造になっています」

とてもメモが追いつかない。

「長年、市民にお仕えし、退職後はここでお寺に勤めさせて頂き、本当に幸運です」

という若々しい案内人さんだった。

兄部坊の絶品精進料理

浄土宗の宿坊は尼公様のおわします大本願の前にずらりと並ぶ。兄部坊と赤い旗。高野さんの宿坊よりかなり手狭で、となりと軒を接しているが、部屋は六畳、冷暖房機もあり快適である。執事の鈴木さんに話を聞く。

「善光寺には、三十九の宿坊があり、そのうち浄土宗は十四坊、みな若麻績《わかおみ》の姓を名乗っております。

　宿坊は檀家を持たず、参拝者をお泊めし、お世話をすることで成り立っています。これからお風呂のあと、下でお精進料理をご用意しております。明日は日の出と共に、お朝事《あさじ》といってお勤めがございますが、もちろんいらっしゃいますよね」

　ええ、もう、そのために来たんですから。

　宿坊だから鍵がかからないのは当然である。お風呂はたっぷりと湯が溢れていた。いざ食事。これはすばらしかった。

　ゴマ豆腐、くず、イワノリ、ネマガリタケの蒸し焼、茸と里芋の炊き合わせ、等々、ことに手打ちそば。焼き味噌をといて食す。それとさまざまな具ののったご飯にだし汁をかける法飯《ほうはん》。絶品といってよい。

　気どらない若奥さんに根ほり葉ほり。どうしてお寺へ。

「信州青年の船で知りあいました。ちょうど住職が大学を終えて知恩院で修行して三年目のときでした。覚悟はしておりましたが、驚くことばかり。結婚したすぐの年から奉行《ぶぎょう》職でお正月は本堂に泊まり込んで帰ってきませんし。でもどんな仕事についても苦労はあると思って。直系の男子しか継げませんので、息子が生まれたときは、さすがに母と抱きあって喜びましたね」

うーむ、わかる。どんなお客様が多いのですか。

「団体もあるんですが、個人の方が何度も見えますね。毎年お詣りして、ここはふるさとみたいだって。エプロンとかお土産を持って来て下さって。団体の添乗員さんは、奥さんラーメンありませんか、って言うんです。作ってあげたら、おいしいおいしいと大喜び。ずっと精進つづきで参ってたんでしょう」

すばらしいお精進はお姑さんからみっちり教わった。

お数珠頂戴はいい気持ち

旅に出ると電話もファックスもかかってこない。爆睡状態。

朝五時、番頭さんの案内で善光寺へ。宿坊に泊まると内陣へ入る券をもらえる。お朝事の時間は冬至を中心に一分ずつ早め、また夏至がすぎると一分ずつ遅くなる。

「今日の開始は五時五十二分です」

まず、天台宗の貫主が座に昇り、朗々と読経をはじめる。僧侶、両脇に十人ずつくらい。袈裟をつけ、鉦《かね》を鳴らす。遅刻してくる僧も、髪を剃ってない僧も。

「学者さん、お医者さん、アーティスト、いろんなご住職がいますから」

と聞いた話を思い出した。

退出されるとき、本堂の前にひざまずき手を合わせると、貫主様が私の頭を数珠で触ってくださった。頭頂のツボなのかぞくっといい気持ち。「お数珠《じゅず》頂戴《ちょうだい》」というありがたい功徳である。

ややあって次は浄土宗の女性のお上人の法要。

「南無阿弥陀仏、南無阿弥陀仏」という声が高い。後ろに控えるのも尼さんだ。これまたお帰りのさい、お上人に数珠で触れていただいた。はっぴを着た人が赤い傘をさしかける。さっきよりふわっと軽かった。

善光寺はお朝事が中心の寺である。

門前の滝屋本店、依田《よだ》靜司さんに聞く。

「うちは江戸の末に来たそうで、最初は旅館だったそうです。『遠くとも一度は参れ善光寺』といい、お詣りするのも人生の一大事。旅の途中で亡くなった方もあるくらい。女の人は子どもを産み、育てるという大業を終えたごほうびに、善光寺参りに行っておいでというので。そのころの土産は半紙に描いた一代記。

戦後、先々代の智栄《ちえ》上人さまを慕う智栄講というのが全国にありまして、上野駅から臨時の夜行列車をしたてて、朝早く長野に着き、お詣りして朝食食べて、周辺の温泉に行く人もありました。駅までお迎えにいったり、お菓子やおせんべ、リンゴ一箱どっさり駅まで運んでチッキで送ったりしてね。あれが一番いい時代、いまは交通の便が良すぎて新幹線で一時間半でしょう。宿坊へ泊まる人も少なくなりました」

そろそろ修学旅行の団体客が着く。店内が緊張してきた。駅に着きました、そっち向かいます、じゃあ三人手配します、と携帯で連絡する。浄土宗系の学校の女子中学生たちだ。お参りのあと寄ってね、と割引券を渡す。商売は大変だ。

大本願と大勧進二つの宝物殿はおすすめ。大本願は皇族とゆかり深いだけに昭憲皇太后や和宮の遺品が。大勧進には北白川宮や山内容堂、歴代貫主の書や古地図など。

長野の町もブラブラするにはよい所。

若いアーティストの店「金斗雲」やタイ料理「アロイ食堂」、ライブハウス、万華鏡のギャラリー、民芸家具屋、ワインショップ、自分で見つけよう。とっておきの空間がある。

塀のない、庶民の寺

二泊目は兄部坊となり淵之坊。忙しい住職が時間をとって下さった。

「善光寺は本当の庶民の寺で、仏教を肩ひじ張ってというところじゃないんです。塀もないし出入り自由。私ども僧と市民と参拝客で治安を守ってきました。

私は勤番のとき二回、戒壇で人が亡くなったのを見ています。ご老人でしたし、いっしょに来られた家族はこれで仏様とのご縁が出来た、大往生だと喜んでました。

心の傷、人に言えない悩みを持つ方の相談にのるのも私たちの仕事。お参りしてまた、ようし生きていこうという気持ちになる。ニコニコして帰っていく。それがうれしいです。

この前のご開帳でも、雑踏なのに殺気立たない。なかなか回向柱に触れられない女性に、若い男性が僕が触っているから、手につかまりなさいと、何のてらいもなく言えるんです。先日、皇太子様が見えて、ご案内したとき、善光寺が栄えたのは鎌倉、江戸、すなわち日本の国が平和なときです、と申し上げたら、平和ですね、平和ですね、と何度もくり返してらした。それも最近うれしかったことの一つです」

たしかに戦争中は参拝客が少なく「お寺も台所は大変で、豆腐屋もラッパを鳴らさなかった。ピーナツ五円くれ、煙草一本くれという人がいた」と大丸そばのご主人も言ってたっけ。

二日目の朝のお勤め。本日お上人はお出ましにならなかった。

善光寺

住所｜長野県長野市元善町491

☎｜026-234-3591

苅萱山西光寺

住所｜長野県長野市北石堂町1398

☎｜026-226-8436

淵之坊

住所｜長野県長野市元善町462

☎｜026-232-3669

兄部坊

住所｜長野県長野市元善町463

☎｜026-234-6677

京の古寺で精進料理を食べ尽くす

黒髪の女院ゆかりの寺

四条通りのつき当たりには八坂神社という緑濃いアイストップがある。その裏が円山公園、さらにその奥に長楽寺《ちょうらくじ》という時宗の古い寺がかくされてある。

このお寺が遊行《ゆぎょう》という宿坊を始めたというので、泊まりに行ってみた。実は山深い長楽寺内にあるのでなく、八坂神社の門を背にして、東大路通りを左へ行った大通り沿いの便利な所にある。うっかり見過ごしてしまいそうな間口の狭い五階建てビル。遊行庵の縦長の木の看板が目印だ。

やさしそうな奥様が鍵を渡して下さる。

「寺が山の上なものですから。ここの土地が空いたときに、何かいいことに使いたいね、と住職と話しまして」

エレベーターで上り、まだ新しく清々しい部屋に通される。窓からは祇園の歌舞練場が望める。低く連なる瓦屋根が美しい。この静かな部屋で、夜はぐっすりと寝た。

翌日、まだ薄暗い円山公園を抜け、柔和な牧野素山《そざん》和尚に導かれ、朝のおつとめ。暗い荘厳な本堂でお経が始まる。焼香讃、三宝礼、四奉講、懺悔文とつづき、さいごには光陰讃といわれる、音楽のように流れる和讃《わさん》を唱和した。

「このお寺は八〇五年といいますから、千二百年ほど前、桓武天皇の勅命で伝教大師こと最澄が開いたものです。ですから、最初は天台宗でした。ご本尊は准胝《じゅんてい》観音という秘仏でして、歴代の天皇の即位のときしかご開帳しないことになっています」

長楽寺はその後、浄土宗になり、室町時代に時宗の寺になった。そのため遊行上人像七体があり、国の重要文化財に指定されている。どれもキリッとした厳しいお顔。

「当寺はいろいろな歴史的事件と関係がありまして、文治元年（一一八五）五月一日、住職印西《いんぜい》上人によって建礼門院がここで落飾されました。そのときわが子安徳天皇の形見の直衣《のうし》を自ら縫って幡にされたものを布施され、これも当寺にございます」

ふうっと「平家物語」の世界に心が飛ぶ。権勢を誇った平清盛の娘徳子（のちの建礼門院）は、十五歳で高倉天皇の女御となり、二十二歳で御子を産む。その子が三歳で安徳天皇として即位。平家は全盛となる。しかし壇ノ浦の合戦で平家は負け、徳子の母、二位の尼は孫の安徳天皇を抱いて入水、水底に沈んだ。建礼門院も後を追うが、その長い黒髪が水間を漂うのをひっかけられ、命を永らえたのである。

高貴の家に生まれたとはいえ、政略に翻弄され、たった一人のわが子に先立たれるとは、何と悲しい女人だろう。当時の姿をうつした絵を赤外線写真にとってあるが、二十九歳とは思えない老けた姿である。その後、大原寂光院などにこもって彼女は六十九歳まで生きた。

花一輪の気持ち

境内は秋海棠《しゅうかいどう》や水引草が咲乱れ、心なしか下界より涼しい。

「人ばかり多いお寺じゃなくて、京の寺らしいところを味わっていただきたいですね」

と住職。本堂脇、黄鐘調《おうじきちょう》の鐘を撞《つ》かせていただく。都大路を牛車で運んできたという名鐘は、戦時中の金属供出をまぬがれえず、現在の釣り鐘は戦後復興された。しかし、その音色、響きの美しさは、往時と変わらぬものという。

それから東山三十六峰の一つ、長楽寺峰を住職とハイキング。京の町を一望に見下ろす所がある。

「この寺では関白や内大臣が詩歌の会を催された。下ってここの〝尊攘苑〟には、水戸藩関係の方のお墓が多くあります」

「日本外史」を書いて維新に影響を与えた頼山陽《らいさんよう》は遺言により、ここに葬られた。その夫人梨影《りえ》の墓には、「貞節君小后氏」とある。二人の間の子、安政大獄で処刑された頼三樹《らいみき》三郎《さぶろう》の墓もあった。歴史の堆積に気が遠くなる。

「ただ参拝を待っているだけではいけない。仏の教えを身近に感じてもらい、心をひらいて悩む人の助けになりたいと思い、こうした宿坊や自由参加のおつとめをしております」

大学院で仏教哲学を学んだという住職。先代、先々代の生活の厳しかったことなども、穏やかに話して下さった。

おつとめのあと、宿坊に戻って食事。おかゆにふっくらした卵焼、大豆の煮もの、なす焼、ふろふき大根、じゃこ、漬物……体によさそうなものばかりだ。

「山椒も梅干しもうちで漬けるんですよ」

と奥様。

「インターネットで予約する方が多く、外国の方もよく見えます。前にベジタリアンの方が見えて、卵、牛乳はもちろん、カツオだしもダメというので大変でした。でも外国の方ってね、お世話になったといって出立のときに、お花一輪下さったりするの。うれしいですよね」

落ち葉はいくら掃いても減らないし、寺のしきたりなど覚えるまで大変に苦労した。でも姑が仕込んでくれたことが、いま生きているという。

「住職は思ったことをズバリいうタイプ。私はとりこし苦労が多くてまったく性格がちがうんですが、ここまで来たら、お手々つないであとは仲よく助けあっていきたいと」

うーん、いいなあ。ごちそうさまでした。

貪るべからず！

京の町をブラブラして、次に向かったのは宇治の黄檗山萬福寺《おうばくざんまんぷくじ》。

とにかく広い。

江戸初期の一六五四年に、中国福建省から渡来した隠元《いんげん》禅師が、後水尾《ごみずのお》法皇や四代将軍徳川家綱《いえつな》の尊敬をうけ、宇治に九万坪を与えられ、一六六一年に開創した。境内に入るとまるで中国へ来たような錯覚を受ける。明朝様式の伽藍配置である。

総門を経て放生池、そして三門をくぐると正面に壮大な天王殿。これは寺の玄関に当たるので、四天王や布袋をお祀りしてあるが、裏側にはなぜか韋駄天さん。ここでお寺の執事である荒木将旭《しょうきょく》さんにご挨拶。

龍の背骨を現すという石の道をさらに進むと、本堂である大雄宝殿。

「これは日本では唯一、しかも最大のチーク材（雲南木）で出来た建物です。材は将軍家綱の寄進です」

正面にある白砂の台は何ですか。

「月台《げつだい》といいます。ここに月の光を集めて本堂内を明るくするものですが、寺の小僧が悪いことをすると、この上に正座させられる。この十七〜十八年は誰も座らされていないけれども、その昔、真夏に三時間座禅させられた若い僧がいたそうですよ。拝観の方にじろじろ見られて、さぞ恥ずかしかったでしょうね」

大きな木魚が吊るしてあるんですね。

「開梆《かいばん》といいまして、これを叩いて時をつげます。木魚の原型ですね。口にはさんだ玉は、煩悩を現しています」

ここでは大変な修行なんでしょう？

「雲水として修行中は座行を最低でも一年はいたします。朝は巡照板《じゅんしょうばん》というのを叩くことから始まる。修行僧たちは正覚をめざし自覚を促すために、この巡照板を打ち鳴らしながら各所を回るんです」

本堂の床はすべて瓦敷き。荒木さんが円座にひざまずいてお経を読んでくださる。中国語の音とリズム、抑揚のあるお経だ。

萬福寺

いよいよお昼の普茶《ふちゃ》料理をいただく時間だ。

「隠元禅師はインゲン豆を持ち込んだことで知られていますが、椅子と卓もそうです。お茶の立礼もそうですね。普茶料理も禅師が中国から伝えた精進料理で、普《あまね》く衆に茶を供するという意味です」

本当は四人で一卓を囲み、上座も下座もなく和気藹々と残さず食べる。現在萬福寺では三人以上で予約を受けつけるので、それもあって京都好きの娘を合流させたのである。

「わあ、きれい」

俄然、娘の目が輝きだした。

大ぶりの薄青い皿に、色とりどりの料理が並ぶ。野菜の煮物、胡麻豆腐。唐揚げ、おひたし、野菜の葛煮。味付天ぷら。白飯と汁はひのきの手桶に入っている。般若湯（ビール）も飲める。

「梅干しの天ぷらなんて初めてだ」

と娘。

これをいただくには、五観の偈《げ》という戒律を心得ねばならない。

一つ、食物が供されるまでの農民、魚民、そして料理人の苦労を思いやること。

二つ、自分にこれをいただく徳があるかどうかを問うこと。

三つ、多く貪らないようにつつしむこと。

四つ、心身を保持する良薬としていただくこと。

五つ、道を修めるための食物としていただくこと。

というわけで、貪るわけにもいかず、残すわけにもいかず、じつに進退きわまったのである。萬福、満腹。

質素でぜいたく

今夜の宿は正法山妙心寺。京都を南から北へ移動する。臨済宗妙心寺派の大本山。薄暗い中に塔頭が並び、京へ来たという旅情がしみる。

その中の一つ、大心院には阿吽庭《あうんてい》というすばらしい白砂の庭があり、そこに面した部屋に通される。

妙心寺

「妙心寺はもと花園法皇の離宮で、その発願により一三三七年に創建されました。関山慧玄という方が開山です。現在塔頭は四十七、末寺は全国に三千四百余カ寺あります」

大心院住職の津田清章さんが、すっきりと説明してくださる。

こんな静かな広い所に泊めていただいて、一泊朝食付四千五百円とはなんとぜいたくだろう。長い廊下を歩く人の足音がなつかしい。しばらくして別室で精進料理をいただくことに。

赤い塗りのまろやかな椀が、二つのお膳にのっている。白あえ、炊きあわせ、ゆば、胡麻豆腐、ぎせい豆腐。このお豆腐がなんともきめ細かく、上品な味。「阿じろ」という、長らく妙心寺御用達をつとめている門前の料理屋から運ばれたものだ。

「今日はかなり強行軍ですなあ」といいつつ箸を進める。娘はパクパク。若いっていいなあ。

夜、廊下で浴衣の外国の方と会った。お一人はウィーン大学の美術史の教授の女性。もう一人もドイツからの青年で、禅に興味を持っているらしい。

早朝六時。本堂でおつとめがある。仄暗い中、床に白いものが飛んでいるのは、目をこらすと白い花だった。こうして黒光りした簡素な本堂を清めているのである。「懺悔礼拝文」「般若心経」などを、声を合わせて繰り返し読む。さいごに住職は「加行《けぎょう》礼拝《らいはい》」のため、五体投地《ごたいとうち》を行なう。修行によって贅肉ひとつなく痩せた体で、身軽に行なわれる。私は膝が痛くてとてもできそうにない。この固い床で正座しているのもつらく、外国の方々も、もぞもぞ足をくずしている。

　そのあとご住職からさまざまなことを教わる。たとえば仏教では漢音でなく呉音でお経を読むこと。行灯、行脚など行をアンと読むのは唐音。行者（ぎょうじゃ）というと修行する人、善人を指すが、行者（あんじゃ）というとお寺で雑務をする出家前の見習い人を指すそうだ。

　それから島秋人《しまあきと》という歌人の話。この人は殺人を犯して死刑囚となり、監獄で精神修養にはげみ、刑執行の前夜、

　この澄める心在るとは識らず来て
死刑の明日に迫る夜温し

と歌を詠んだ。この澄める心、過去を捨て更地のようになった心こそ、無我という境地

である……。

それからベトナム出身の禅僧ティク・ナット・ハンのこと。コロンビア大学などでも教鞭をとっていた彼は、ベトナム戦争突入後、祖国が自分の住む超大国に蹂躙されるのを見るにみかね、仏教の精神で平和を訴え、難民を救済した。いまなお世界に平和を呼びかけ続ける老師について、住職は淡々と話される。

さらには、アカデミズムにゆがめられないブッダの本当の教えを知ろうと、密出国してインドに行った玄奘《げんじょう》の「大唐西域記」にも話は及ぶ。二十八、九歳で長安を出て、天山山脈やヒンドゥークシュの山々を越え、ブッダの聖跡をたずね、老僧のもとで学び、デカン高原を南下し、多くの仏典をたずさえて再び長安に帰った時は四十五、六歳になっていたという壮大な物語……。

たくさんの世界を教えていただいた。

そのあと一同、別室で、手づくりのあったかな朝食をいただいた。

「精進料理というとまずい料理の代表のように思われますが、外国では寿司や大豆がブームで、禅にも関心のある方が多いのです。一般の方を泊めるようになって長いですが、昔はいろんなことがありました。一時はヒッピーがよく来て、寝タバコはするし、風呂の栓は抜くしでまいりました」

と住職は笑う。四国の生まれ。終戦の農地解放で土地を失い、南海地震で家が倒壊、寺に転がり込んだ。「そういうモノに執着したのはそもそもまちがいでしたな」とさっぱり。「それでも歴史や由緒だけではご飯は食べられないですよ」と冗談をいうぐらい、観光寺でもない僧の生活は質素である。

いつでも素足ですか、と聞くと、

「白足袋をはくと、汚れますのでね。洗うのが大変や」

とにっこりされた。ちっともいばらないお坊さんで、心が洗われるような朝になった。

近頃京都に来てもとんと寺詣りをしなくなったが、町の喧騒から近いところにこんな静かな空間と滋味があるとは、心ほどける三日間だった。

京はほんとに奥が深い。

萬福寺

住所｜京都府宇治市五ケ庄三番割34

☎｜0774-32-3900

長楽寺

住所｜京都府京都市東山区円山町626

☎｜075-561-0589

妙心寺大心院

住所｜京都府京都市右京区花園妙心寺町57

☎｜075-461-5714

遊行庵

住所｜京都府京都市東山区東町大路四条下ル祇園南側531

☎｜075-532-2770

あとがき

生きることはつらい。毎日、原稿をかいたり、人の前でしゃべったり、それでどうにか世渡りをしている。世の中はもめ事だらけだ。地球もあとどのくらいもつのだろう。子どもは思い通りには育たない。

だけど知らない町に身を置くと、そんなしょうもない人生も新しい角度で見えてくる。知らない町で、荒波のりこえて生きてきた人に出会って救われる。

ある百姓のおじいさんはいった。「失敗のない人生は失敗でごじゃります」

その時、霧が晴れるような気持ちになった。

いや、生きることこそ、見知らぬ海の大航海、おぼつかなく藪をかき分ける登山にも似ている。私もなんども道を見失い、溺れそうになり、時に崖から落ちるところだった。

家の近くにある出版社の佐々木勇志さんがある時見えて、森さんの旅の本を作りたい、といった。前に「海に沿うて歩く」という本を出したことがあった。その本がとても好きで、読むと旅をしたくなる、と佐々木さんはいった。

とりあえず、その時にあった旅の原稿をほとんどお渡しした。そうしたら、こんな本に編まれてきた。久しぶりに我が子の顔を見たような気がした。

あまり実用的な本とは言えない。ただ、一緒に旅に出るように、読んでいただければ幸いである。

二〇一八年一一月

森まゆみ

【初出一覧】

書籍化にあたり、加筆・修正を加えました。

Ⅰ　一人旅の流儀

いつも町を旅してる……社団法人日本観光協会『観光』二〇〇七年一月号（№４８３）
女の一人旅……『神戸新聞』二〇〇〇年一二月二六日付
〝お一人様〟のんびり旅……「森まゆみの町のすみから」『金融経済』二〇〇五年五月号
子連れ旅のあのころ……『JR EAST』二〇〇六年四月号
女一人旅ならドイツ鉄道旅行……「森まゆみの町のすみから」『金融経済』二〇〇五年一一月号
土地の神さまにご挨拶……『論座』二〇〇五年一二月一五日
キリストの涙……アリタリア航空ＰＲ誌
歴史的建造物の宿……『熊本日々新聞』二〇〇〇年二月二七日付
伝建が三つある町・萩……「森まゆみの町のすみから」『金融経済』二〇〇六年一月号
エアライン選び……『熊本日々新聞』一九九九年九月二六日付
せわしない日本のレストラン……『熊本日々新聞』一九九九一二月二六日付

関西のお嬢さんにはかなわない……「森まゆみの上方見聞録」『産経新聞』二〇〇四年三月
大阪の町は「なんとなく巴里的」……「森まゆみの上方見聞録」『産経新聞』二〇〇三年一一月
無用な旅の極意……新潮社『第一阿房列車』解説

II　旅の空に踊る

軍手にクワ、竹の子堀りだ【愛知県・足助】
ニッコウキスゲ咲く七月の霧ヶ峰【長野県・霧ヶ峰】
牡蠣を豪快に焼く【北海道・厚岸】
朝霧たなびく由布院で映画ざんまい【大分県・由布院】
秋は日本海を見に行こう【山形県・鶴岡】
沖縄は十月【沖縄県・読谷村】
福島山あいの濁り湯【福島県・高湯温泉】
忍者の里・伊賀上野【三重県・伊賀上野】
京都、雪降る路地をさまよう【京都府・北野天満宮】
唐津で悲恋の歌に酔う【佐賀県・唐津】
大阪食い倒れ旅行【大阪府・通天閣】

子規も漱石も浸った湯【愛媛県・松山】
以上、小学館『美的』二〇〇一年五月号〜二〇〇二年四月号

温泉と山菜ときのこ【秋田県・小安峡温泉】……秋田県観光連盟・秋田温泉ガイドブック『湯王秋田』
美しいもので心休ませる【静岡県・熱海】……『MOA美術47』一九九三年七月号
東京から一時間半の極楽【神奈川県・鎌倉】……平凡社『コロナ・ブックス鎌倉』
東京下町路地で暮らす【東京都・谷根千地域】……都市出版『東京人』

〔巻末付録〕
森まゆみの古寺めぐり
庶民の寺・善光寺でお数珠頂戴
……「森まゆみの聖地巡礼③」JTB『旅』二〇〇三年一一月号
京の古寺で精進料理を食べ尽くす
……「森まゆみの聖地巡礼⑤」JTB『旅』二〇〇四年一月号

本文に出てくる町や施設や人物の情報は、初出時のものであることをご了承ください。

また、「II　旅の空に踊る」の各エッセイごとに別掲した施設情報は、二〇一八年十二月現在のものです。

森まゆみ（もり・まゆみ）
1954年東京生まれ。作家。早稲田大学政治経済学部卒業。1984年に友人らと東京で地域雑誌『谷中・根津・千駄木』を創刊、2009年の終刊まで編集人を務めた。歴史的建造物の保存活動にも取り組み、日本建築学会文化賞、サントリー地域文化賞を受賞。著書は『鷗外の坂』（芸術選奨文部大臣新人賞）、『「即興詩人」のイタリア』（JTB紀行文学大賞）、『「青鞜」の冒険』（紫式部文学賞）など多数。近著に『お隣のイスラーム』（紀伊國屋書店）、『「五足の靴」をゆく』（平凡社）など。

わたしの旅ブックス
006

用事のない旅

2019年1月29日　第1刷発行
2019年3月10日　第2刷発行
2020年1月29日　第3刷発行

著者――森まゆみ

ブックデザイン――マツダオフィス
DTP――ISSHIKI
編集――佐々木勇志（産業編集センター）

発行所――株式会社産業編集センター
〒112-0011
東京都文京区千石4-39-17
TEL 03-5395-6133　FAX 03-5395-5320
http://www.shc.co.jp/book

印刷・製本――株式会社シナノパブリッシングプレス

ISBN978-4-86311-209-4 C0026